¡Así se dice!

Workbook and Audio Activities

SPANISH 1A

Conrad J. Schmitt

mheducation.com/prek-12

Copyright © 2016 McGraw-Hill Education

All rights reserved. No part of this publication may be reproduced
or distributed in any form or by any means, or stored in a
database or retrieval system, without the
prior written consent of McGraw-Hill Education,
including, but not limited to, network storage or
transmission, or broadcast for distance learning.

Send all inquiries to:
McGraw-Hill Education
8787 Orion Place
Columbus, OH 43240

ISBN: 978-0-07-666876-2
MHID: 0-07-666876-2

Mc
Graw
Hill
Education

Bothell, WA • Chicago, IL • Columbus, OH • New York, NY

mheducation.com/prek-12

Send all inquiries to:
McGraw-Hill Education
8787 Orion Place
Columbus, OH 43240

ISBN: 978-0-07-666876-2
MHID: 0-07-666876-2

Printed in the United States of America.

12 13 LHN 23 22

Contenido

Contenido

PRELIMINARES

PRELIMINAR

Saludos

A Choose an appropriate response and circle the corresponding letter.

1. ¡Hola!
   a. Muy bien.
   b. Gracias.
   c. ¡Hola!

2. ¿Qué tal?
   a. ¡Hola!
   b. Muy bien.
   c. Gracias.

3. Buenos días.
   a. Buenas noches.
   b. Buenas tardes.
   c. Buenos días.

4. Buenas tardes.
   a. Buenos días.
   b. Buenas tardes.
   c. Buenas noches.

B Match each statement with the appropriate illustration.

a.   b.   c.

1. _____ Buenas noches.
2. _____ Buenas tardes.
3. _____ Buenos días.

C Just as English speakers use abbreviations, Spanish speakers also abbreviate words.

   Señor → Sr.   Señora → Sra.   Señorita → Srta.

Note that the abbreviation *Ms.* does not exist in Spanish.
Write the following names using an abbreviation for the title.

1. Miss Alicia Salas _____

2. Mr. Juan Ayerbe _____

3. Mrs. Cecilia Guzmán _____

D Fill in the missing words in the following conversation.

—¡Hola, Enrique!

—¡_____, Eduardo! ¿Qué _____?
        1   2

—Muy bien, _____. ¿Y _____, Enrique?
              3   4

—Muy _____.
        5

PRELIMINAR B

¡Adiós!

A Match each statement with the appropriate illustration.

a.

b.

c.

1. _____ ¡Hola!

2. _____ Adiós.

3. _____ Chao.

B Tell if the following farewells are formal (*f*) or informal (*i*).

1. _____ Adiós, señor.

2. _____ Hasta luego, Paco.

3. _____ Chao.

4. _____ Hasta mañana, señor Morales.

C Say these Spanish words carefully.

hola   hasta

There is one letter that you did not hear. It is not pronounced in Spanish.

What letter is it? _____

Now say the following Spanish words.

hotel   hospital

PRELIMINAR

La cortesía

A Choose an appropriate response and circle the corresponding letter.

1. ¡Hola!
   a. Adiós.
   b. ¡Hola! ¿Qué tal?
   c. De nada.

2. Gracias, señor.
   a. No hay de qué.
   b. Sí.
   c. Chao.

B Circle the letter of the conversation that is the more polite of the two.

1. a. —¡Hola! ¿Qué tal?
      —Bien.
   b. —¡Hola! ¿Qué tal?
      —Muy bien, gracias.

2. a. —Una limonada.
      —Sí, señor.
   b. —Una limonada, por favor.
      —Sí, señor.

3. a. —¿Cuánto es, por favor?
      —¿Una cola? Veinte pesos.
   b. —¿Cuánto es?
      —¿Una cola? Veinte pesos.

4. a. —Gracias.
      —(Silencio)
   b. —Gracias.
      —De nada.

C Complete with the missing letter. It is a letter you do not pronounce in Spanish.

1. No _____ay de qué.

2. Una _____amburguesa, por favor.

PRELIMINAR D

Algunos números

A   Give the words for the following in Spanish.

1. 10 _____
2. 20 _____
3. 30 _____
4. 40 _____
5. 50 _____
6. 60 _____
7. 70 _____
8. 80 _____
9. 90 _____
10. 100 _____

B   Write the following with numerals.

1. _____ seis
2. _____ dieciocho
3. _____ treinta y cinco
4. _____ veintidós
5. _____ cuarenta y siete
6. _____ cincuenta y cuatro
7. _____ setenta y ocho
8. _____ sesenta y tres
9. _____ ciento cinco
10. _____ noventa y nueve

C   Match the currency and the country.

1. _____ México, Argentina   **a.** el euro
2. _____ Guatemala   **b.** el dólar estadounidense
3. _____ Panamá   **c.** el peso
4. _____ España   **d.** el bolívar
5. _____ Venezuela   **e.** el quetzal

PRELIMINAR E

La fecha

A Complete each word.

1. vier_____es
2. _____unes
3. j_____eves
4. miércole_____
5. mart_____s

B Do the following.

1. Write the missing letters from Activity A. _____
2. Unscramble the letters to spell a day of the week in Spanish. _____

C In English, the days of the week are written with a capital letter. In Spanish, they are written with a small letter: **lunes, martes, miércoles, jueves, viernes, sábado, domingo.** Write a capital *A* next to the expression that means *capital letter* and a small *a* next to the expression that means *small letter*.

1. _____ una letra mayúscula
2. _____ una letra minúscula

D Complete each word.

1. _____iciembre
2. oct_____bre
3. en_____ro
4. jul_____o
5. j_____nio
6. se_____tiembre
7. ag_____sto
8. _____ebrero
9. mar_____o
10. novie_____bre
11. _____bril
12. ma_____o

E   Answer each question.

1. ¿Cuál es la fecha de hoy?

_____

2. ¿Qué día es mañana?

_____

F   Answer about yourself.

Mi cumpleaños es en el mes de _____. La fecha de mi
$\qquad$ 1

cumpleaños es el _____ de
$\qquad$ 2

_____.
$\qquad$ 3

G   Place a check next to the correct statement.

☐ The months in Spanish begin with a capital letter.

☐ The months in Spanish begin with a small letter.

PRELIMINAR

La hora

A Complete with the correct missing word.

1. _____ la una.

2. _____ las dos.

3. Es _____ una.

4. Son _____ cinco.

B Match.

1. _____ Son las once (y) treinta.   **a.** Son las once y cuarto.

2. _____ Son las once (y) quince.   **b.** Son las once y media.

C Match each statement with the appropriate illustration.

a.   b.   c.

d.   e.   f.

1. _____ Es la una.

2. _____ Son las tres y veinte.

3. _____ Son las once y treinta y cinco.

4. _____ Son las dos y media.

5. _____ Son las diez y cuarto.

6. _____ Son las siete cuarenta.

D Fill out your class schedule in Spanish. Some subjects you may want to use are:

matemáticas	computadora (informática)
inglés	educación física
español (lenguas)	música
historia (estudios sociales)	arte, dibujo
ciencias	

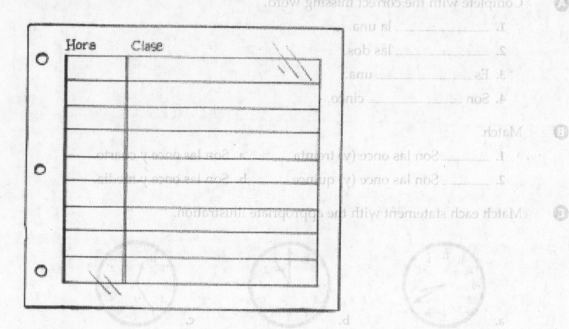

Hora	Clase

PRELIMINAR

Las estaciones y el tiempo

A   Match each season in the left-hand column with the corresponding months in the right-hand column.

1. _____ los meses del invierno   **a.** junio, julio y agosto

2. _____ los meses de la primavera   **b.** marzo, abril y mayo

3. _____ los meses del verano   **c.** diciembre, enero y febrero

4. _____ los meses del otoño   **d.** septiembre, octubre y noviembre

B   Complete with the correct word.

1. ¿Cuántos meses hay en un año?

Hay _____ meses en un año.

2. ¿Cuántos días hay en una semana?

Hay _____ días en una semana.

3. ¿Cuántas estaciones hay en un año?

Hay _____ estaciones en un año.

C   Write the seasons and months when people usually do these activities.

1. el fútbol _____

_____

2. el béisbol _____

_____

3. el esquí _____

_____

D   Match each statement with the appropriate illustration.

a.   b.   c.

d.   e.

1. ———— Nieva.
2. ———— Hace mucho frío.
3. ———— Hace calor.
4. ———— Hay sol.
5. ———— Hace viento.

E   Write the sentence under the illustration it describes.

Hace frío.	Nieva.
Hay sol.	Hace calor.

1. _____   3. _____

2. _____   4. _____

PRELIMINAR

Saludos

Actividad A Listen and repeat.

Actividad B Listen and repeat.

Actividad C Listen and speak.

Actividad D Listen and repeat.

Actividad E Listen and speak.

Actividad F Listen and choose.

	sí	no
1.	☐	☐
2.	☐	☐
3.	☐	☐
4.	☐	☐
5.	☐	☐

PRELIMINAR B

¡Adiós!

Actividad A Listen and repeat.

Actividad B Listen and choose.

1. a　b　c
2. a　b　c
3. a　b　c

Actividad C Listen and repeat.

Actividad D Listen and choose.

	greeting	saying good-bye
1.	☐	☐
2.	☐	☐
3.	☐	☐
4.	☐	☐
5.	☐	☐
6.	☐	☐

Actividad E Listen and choose.

	sí	no
1.	☐	☐
2.	☐	☐
3.	☐	☐
4.	☐	☐
5.	☐	☐

PRELIMINAR

La cortesía

Actividad A Listen and repeat.

Actividad B Listen and repeat.

Actividad C Listen and choose.

	sí	no
1.	☐	☐
2.	☐	☐
3.	☐	☐
4.	☐	☐

Actividad D Listen and repeat.

Actividad E Listen and repeat.

PRELIMINAR D

Algunos números

Actividad A Listen and repeat.

Actividad B Listen and repeat.

Actividad C Listen and write.

1. _____
2. _____
3. _____
4. _____
5. _____
6. _____
7. _____
8. _____
9. _____
10. _____

Actividad D Listen and repeat.

PRELIMINAR

La fecha

Actividad A Listen and repeat.

Actividad B Listen and speak.

Actividad C Listen and repeat.

Actividad D Listen and repeat.

Actividad E Listen and speak.

PRELIMINAR

F

La hora

Actividad A Listen and repeat.

Actividad B Listen and repeat.

Actividad C Listen and answer.

1.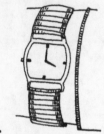

2.

3.

4.

5.

6.

Actividad D Listen and repeat.

Actividad E Listen and answer.

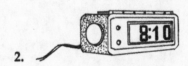

CURSOS	HORA
Matemáticas	8:00
Español	10:30
Inglés	2:00
Ciencias	1:15

PRELIMINAR

Las estaciones y el tiempo

Actividad A Listen and repeat.

Actividad B Listen and choose.

	el invierno	la primavera	el verano	el otoño
1.	☐	☐	☐	☐
2.	☐	☐	☐	☐
3.	☐	☐	☐	☐
4.	☐	☐	☐	☐
5.	☐	☐	☐	☐
6.	☐	☐	☐	☐
7.	☐	☐	☐	☐

Actividad C Listen and repeat.

Actividad D Listen and choose.

	sí	no
1.	☐	☐
2.	☐	☐
3.	☐	☐
4.	☐	☐
5.	☐	☐
6.	☐	☐

Actividad E Listen and answer.

Actividad F Listen and answer.

Repaso

Actividad A Listen and answer.

¿Cómo somos?

¿Cómo somos?

CAPÍTULO 1

¿Cómo somos?

Vocabulario 1

A Look at the photographs and captions on pages 22 and 23 of your textbook and then complete the following sentences.

A, e, i, o, and u are vowels. The words that describe a boy end in the vowel _____ and the words that describe a girl end in _____.

B Match the opposites.

1. _____ moreno   **a.** antipático

2. _____ alto   **b.** cómico

3. _____ simpático   **c.** rubio

4. _____ bonito   **d.** feo

5. _____ serio   **e.** bajo

C Complete with **Julia** or **Eduardo**.

1. _____ es moreno.

2. _____ es rubia.

3. _____ es graciosa.

4. _____ es serio.

5. _____ es ambiciosa.

D Look at the picture of Francisco Álvarez. Write a story about him. You may want to use the words in the chart to help you.

Es	Caracas	serio
No es	Venezuela	moreno
		guapo
		ambicioso
		rubio

_____

_____

_____

_____

_____

E Answer each question.

1. ¿Quién es? Es _____.

2. ¿Cómo es la muchacha? Es _____.

3. ¿De dónde es ella? Es _____.

4. ¿De qué nacionalidad es? Es _____.

F Think about someone you know. Write down his or her name. Start your paragraph with the name and then write as much about him or her as you can.

_____

_____

_____

_____

G Write an original question using each question word. Then write an appropriate answer to your question.

1. **¿Quién?**

PREGUNTA _____

RESPUESTA _____

2. **¿Cómo?**

PREGUNTA _____

RESPUESTA _____

3. **¿Dónde?**

PREGUNTA _____

RESPUESTA _____

4. **¿De qué nacionalidad?**

PREGUNTA _____

RESPUESTA _____

Vocabulario 2

A Indicate whether the information makes sense or not.

	sí	no
1. Los alumnos buenos son perezosos.	☐	☐
2. Una clase interesante es aburrida.	☐	☐
3. Muchos alumnos en la misma escuela son amigos.	☐	☐
4. Un curso duro es muy fácil.	☐	☐

B Choose the correct answer to each question.

1. _____ ¿Quiénes son?   **a.** Teresa

2. _____ ¿Quién es la amiga de José?   **b.** inteligente y bonita

3. _____ ¿De dónde son ellos?   **c.** puertorriqueñas

4. _____ ¿Cómo es ella?   **d.** José y Luis

5. _____ ¿De qué nacionalidad son?   **e.** Puerto Rico

C Look at each pair of words. Put = on the blank if the words mean the same thing (synonyms). Put ≠ on the blank if they mean the opposite (antonyms).

1. grande _____ pequeño

2. bonito _____ guapo

3. mismo _____ diferente

4. duro _____ difícil

5. bueno _____ malo

6. cómico _____ gracioso

D Answer the questions about your Spanish class.

1. ¿Cómo es la clase de español?

_____

2. ¿Cómo son los alumnos en la clase de español?

_____

_____

3. ¿Quién es el/la profesor(a) de español?

_____

_____

_____

4. ¿De dónde es el/la profesor(a)?

_____

_____

E Complete with the correct question word.

1. *Elena y Maripaz* son alumnas nuevas.

   ¿_____ son alumnas nuevas?

2. Ellas son *de México*.

   ¿_____ son ellas?

3. Las dos muchachas son *muy inteligentes*.

   ¿_____ son las dos muchachas?

4. *La señora Valdés* es la profesora de español.

   ¿_____ es la profesora de español?

5. La clase de español es *interesante*.

   ¿_____ es la clase de español?

F Indicate whether each statement is true or false.

	sí	no
1. Los alumnos serios son estudiosos.	☐	☐
2. Los alumnos malos son alumnos serios.	☐	☐
3. Los alumnos buenos son estudiosos.	☐	☐
4. Las clases interesantes son aburridas.	☐	☐
5. Los profesores buenos y simpáticos son populares con los alumnos.	☐	☐
6. Los profesores aburridos y antipáticos son populares con los alumnos.	☐	☐

G Go through the following steps to write about two friends.

1. Write the name of two friends.

   _____

2. Write adjectives (words) that can describe both of them.

   _____

3. Write adjectives (words) that can describe only one of them. Identify who it is.

   _____

4. Now write about the two friends.

   _____
   _____
   _____
   _____
   _____
   _____

H   Synonyms and Antonyms

     1. Write all the synonyms you know in Spanish.

_____

_____

_____

     2. Write all the antonyms you know in Spanish.

_____

_____

_____

I   Write the names of all the courses you are taking this year. Then write your opinion of each class.

_____

_____

_____

_____

_____

_____

_____

Gramática

Artículos, sustantivos y adjetivos

A Complete with **el, la, los,** or **las.**

1. _____ muchacho es de Colombia.

2. _____ muchachos son colombianos.

3. _____ amigos de Adela son de Puerto Rico.

4. _____ escuela es una escuela secundaria.

B Write the phrases in the plural.

1. la escuela pequeña

_____

2. el amigo sincero

_____

3. la muchacha alta

_____

4. la clase grande

_____

5. el curso interesante

_____

C Complete with **un** or **una.**

1. _____ amigo bueno es sincero.

2. Él es _____ muchacho nuevo en la escuela.

3. La escuela Jefferson es _____ escuela grande.

4. La biología es _____ curso difícil.

D Complete with the correct endings.

El muchach____ cuban____ es muy sincer____. Él es
          1   2   3

un amig____ buen____. Y es gracios____ también.
        4   5   6

Las dos muchach____ son puertorriqueñ____. Ellas son
                7   8

simpátic____. Las dos amig____ son seri____ pero no
          9   10   11

son tímid____.
           12

E Complete with the correct ending and then rewrite each sentence in the plural. Remember to change **es** to **son**.

1. El muchach_____ es inteligent_____ y seri_____.

   _____

2. La muchach_____ es inteligent_____ y gracios_____.

   _____

3. El muchach_____ nuev_____ es el amig_____ de Teresa.

   _____

4. El profesor es inteligent_____. Y es interesant_____.

   _____

5. El curs_____ es interesant_____ pero es difícil.

   _____

   _____

F Complete with the appropriate articles and adjective endings.

_____ escuela Santo Domingo es _____ escuela muy buen_____. Es
$\quad$ 1 $\qquad\qquad\qquad$ 2 $\qquad\qquad\qquad$ 3

_____ escuela grand_____. _____ profesor_____ en _____
$\quad$ 4 $\qquad$ 5 $\qquad$ 6 $\qquad$ 7 $\qquad$ 8

escuela Santo Domingo son buen_____. Y son inteligent_____. En general _____
$\qquad\qquad$ 9 $\qquad\qquad\qquad$ 10 $\qquad$ 11

cursos son buen_____. _____ cursos son fácil_____ y _____ cursos son
$\qquad$ 12 $\qquad$ 13 $\qquad$ 14 $\qquad$ 15

difícil_____. Y _____ clases son pequeñ_____ y _____ clases son
$\qquad$ 16 $\qquad$ 17 $\qquad$ 18 $\qquad$ 19

grand_____. _____ alumnos en _____ escuela Santo Domingo son
$\quad$ 20 $\qquad$ 21 $\qquad$ 22

inteligent_____ y ambicios_____.
$\qquad$ 23 $\qquad$ 24

Gramática

El verbo **ser**

A Complete with **es** or **son**.

La muchacha _____ Isabel. Ella _____ de México.
                        1   2

Isabel _____ una amiga de Alberto. Alberto _____
                 3   4

un muchacho guapo.

Isabel y Alberto _____ alumnos en la clase de la señora Valdés.
                          5

Ellos _____ alumnos muy buenos. Para ellos el curso de español
              6

_____ fácil. Ellos _____ mexicanoamericanos.
        7   8

B Complete with the correct form of the verb **ser**. First, answer the questions. What form of the verb **ser** do you use when you talk to a friend? _____ What form do you use when you speak about yourself? _____

—Alejandra, ¿de dónde _____?
                                    1

—Yo _____ de Cuba.
          2

—Ah, _____ cubanoamericana.
            3

—Sí. Y tú, ¿de dónde _____?
                                  4

—Yo _____ de Dallas. _____ mexicanoamericano.
          5   6

C Answer the questions about yourself.

1. ¿Quién eres? _____
2. ¿De dónde eres? _____
3. ¿Cómo eres? _____

D Choose the correct completion.

1. José, tú (eres, es) de Texas, ¿no?
2. Sí, yo (eres, soy) de Texas.
3. Tomás (es, son) de Texas también.
4. Sí, él (es, son) de San Antonio.
5. Nosotros (son, somos) alumnos en la misma escuela.
6. Ustedes (es, son) alumnos de español, ¿no?

E Read the e-mail from Inés Villarreal. After you read her e-mail, write a paragraph about her. Then write a paragraph telling about yourself.

> ¡Hola!
>
> Soy Inés Villarreal. Soy de Santiago de Chile. Soy chilena. Soy alumna en una escuela privada. Soy una alumna bastante buena y soy graciosa.
>
> _____
>
> _____
>
> _____
>
> _____

F Complete with the correct form of the verb **ser**.

—Hola, Carolina. ¿Quién _____ el muchacho?
 ₁

—¿El muchacho alto? _____ Justo. Él _____ el amigo
 ₂   ₃

de Anita.

—Ah, él y Anita _____ amigos.
                  ₄

—Sí, _____ alumnos en la Escuela Internacional.
      ₅

—Tú también _____ alumna en la Escuela Internacional, ¿no?
              ₆

—Sí, nosotros tres _____ alumnos en la misma escuela.
                     ₇

—¿_____ ustedes amigos?
   ₈

—Sí, _____ amigos buenos.
      ₉

G Form sentences with **ser**.

1. José / de Guatemala

_____

2. yo / alumno(a) serio(a)

_____

3. nosotros / amigos buenos

_____

4. tú / cómico

_____

5. ellas / profesoras

_____

6. ustedes / de Estados Unidos

H   Think of two friends. Write about them telling where they are from and what they are like. Then write about yourself. Finish by comparing yourself and your two friends.

_____

_____

_____

_____

_____

_____

I   Rewrite each sentence. Make all the necessary changes.

1. La profesora es buena y es muy interesante.

   Las _____

   _____

2. Las clases son pequeñas y son bastante interesantes.

   La _____

   _____

3. Yo soy alumno bueno en ciencias pero soy malo en historia.

   Nosotros _____

   _____

4. Ustedes son amigos de Jaime, ¿no?

   Tú _____?

5. Él es de México y es alumno en la clase de español.

   Él y yo _____

   _____

Integración

¡A leer más!

A Read the following selection.

Simón Bolívar

Simón Bolívar es un personaje o figura muy importante en la historia de Latinoamérica. Es el gran héroe de muchos latinoamericanos.

Simón Bolívar es de Venezuela. Es de una familia noble. Él no es de Caracas. Es de una región rural de Venezuela.

En la época de Simón Bolívar, Venezuela es una colonia de España. Como la mayoría de Latinoamérica, Venezuela no es una nación independiente. Es una colonia española.

Simón Bolívar es un señor inteligente. Las ideas de Simón Bolívar son muy liberales. Para él, Venezuela no debe ser una colonia. Debe ser un país independiente.

Y, ¿quién es el gran libertador de muchas partes de Latinoamérica? El valiente héroe Simón Bolívar.

B Find all the cognates in this reading. Compare your list with other class members. Who found the most?

_____

_____

_____

_____

_____

_____

_____

C Choose the main idea of this selection.

    a. Latin America has an interesting history.

    b. Simón Bolívar is from Venezuela.

    c. Simón Bolívar is the hero of many Latin Americans.

D Choose.

From the context in which it is used, what do you think **debe** means?

   a. debt

   b. should

E Answer.

¿Quién es el Simón Bolívar de Estados Unidos?

_____

_____

_____

_____

_____

_____

_____

_____

Tarea

Un(a) amigo(a)

Task Imagine that your teacher has asked you to write a paragraph in Spanish describing someone you know to put in your portfolio as part of your final grade for this semester. The paragraph should include many of the adjectives that you learned in **Capítulo 1** as well as the forms of **ser** in the present tense.

As you complete your first chapter in Spanish, you are able to write a description of a person. At this point, you cannot tell what the person does because you don't have the necessary vocabulary. So avoid this. However, you are able to tell what he or she is like. When preparing to write in Spanish, do not think of words in English. Try to think only of the words you know in Spanish. Remember what you learned about **o, a**. Be sure to use the **o** ending when describing a boy and the **a** ending as you describe a girl.

How In order to organize your ideas for the paragraph, you are to create two charts.

- First, make a list in Spanish of all the adjectives you may want to use to describe the person you've chosen to write about.

  _____

  _____

  _____

- Next, use the T-chart below to separate the words you selected into two categories: those that describe personality, and those that describe physical characteristics. This will insure that you have a complete description of the person.

personalidad	características físicas

- Now, using some of the adjectives from your T-chart, create a word web about the person you are describing.

- Put the name of the person about whom you are writing in the center circle of the web.

- In each circle attached to the center circle write a word that describes that person.

- Make sure to check the endings on each of the words you choose to be sure that they are the right gender for the nouns you are using.

  Model:

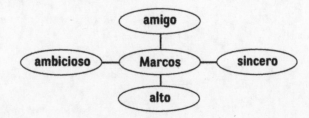

• Use the information you placed in your word web to help you write a descriptive paragraph below about the person you have chosen.

• Check your sentences for the correct forms of the verb **ser**.

• Check all words for correct spelling.

• Check all words for the correct endings.

_____

_____

_____

_____

_____

_____

• Read your paragraph aloud to someone in your class or group. Ask him or her to try to identify the person you are writing about.

CAPÍTULO 1

¿Cómo somos?

Vocabulario 1

Actividad A Listen and repeat.

Actividad B Listen and choose.

a   b   c   d   e   f

1. _____   4. _____
2. _____   5. _____
3. _____   6. _____

Actividad C Listen and choose.

	sí	no
1.	☐	☐
2.	☐	☐
3.	☐	☐
4.	☐	☐
5.	☐	☐

Actividad D Listen and answer.

Actividad E Listen and choose.

1. a   b   c
2. a   b   c
3. a   b   c
4. a   b   c

Actividad F Listen and answer.

1. *Elena* es de Chile.
2. Paco es *muy serio*.
3. Felipe es *de México*.
4. La amiga de Felipe es *Sofía*.
5. Bárbara es *de Estados Unidos*.
6. Carlos es *guapo y gracioso*.
7. Fernando es *puertorriqueño*.
8. *El muchacho* es de México.

Vocabulario 2

Actividad G Listen and repeat.

Actividad H Listen and choose.

1. _____   3. _____

2. _____   4. _____

Actividad I Listen and answer.

Actividad J Listen and answer.

Actividad K Listen and choose.

	sí	no
1.	☐	☐
2.	☐	☐
3.	☐	☐
4.	☐	☐
5.	☐	☐
6.	☐	☐

Actividad L Listen and choose.

1. a   b   c

2. a   b   c

3. a   b   c

4. a   b   c

Gramática

Actividad A Listen and complete.

Actividad B Listen and answer.

Actividad C Listen and choose.

	masculino	femenino
1.	☐	☐
2.	☐	☐
3.	☐	☐
4.	☐	☐
5.	☐	☐
6.	☐	☐
7.	☐	☐
8.	☐	☐

Actividad D Listen and choose.

	singular	plural
1.	☐	☐
2.	☐	☐
3.	☐	☐
4.	☐	☐
5.	☐	☐
6.	☐	☐
7.	☐	☐
8.	☐	☐

Actividad E Listen and choose.

	muchacho	muchacha
1.	☐	☐
2.	☐	☐
3.	☐	☐
4.	☐	☐
5.	☐	☐
6.	☐	☐
7.	☐	☐
8.	☐	☐

Actividad F Listen and choose.

	singular	plural
1.	☐	☐
2.	☐	☐
3.	☐	☐
4.	☐	☐
5.	☐	☐

Actividad G Listen and answer.

Actividad H Listen.

Actividad I Listen and choose.

	sí	no
1.	☐	☐
2.	☐	☐
3.	☐	☐
4.	☐	☐

Actividad J Listen.

Actividad K Listen and write.

> Notas
> ¿De dónde es Ricardo? _____
> ¿Dónde es alumno? _____

_____

_____

_____

_____

Actividad L Look, listen, and answer.

Actividad M Listen and choose.

1. a b c
2. a b c
3. a b c
4. a b c
5. a b c
6. a b c

Actividad N Listen and repeat.

Conversación

Actividad A Listen.

Actividad B Listen and choose.

	sí	no
1.	☐	☐
2.	☐	☐
3.	☐	☐
4.	☐	☐
5.	☐	☐
6.	☐	☐
7.	☐	☐
8.	☐	☐

Lectura cultural

Actividad A Listen.

Actividad B Listen and write.

1. el grupo número uno de hispanohablantes en Estados Unidos

_____

2. otro grupo importante de hispanohablantes

_____

3. estado donde hay mucha gente de ascendencia cubana

_____

4. el número de hispanohablantes en Estados Unidos

_____

Lectura—Un poco más

Actividad A Listen.

Integración

¡A escuchar más!

Actividad A Listen.

Actividad B Listen and choose.

1. _____ Yo soy mexicana.
2. _____ Soy de Monterrey.
3. _____ Soy alumna en una escuela privada.
4. _____ Soy una amiga de Luis Garza.
5. _____ Soy una amiga de Luisa Grávalos.
6. _____ Luisa es una amiga ambiciosa.
7. _____ Luisa es muy inteligente.

Actividad C Write.

_____

_____

Repaso cumulativo

Actividad A Listen and choose.

	saludo	despedida
1.	☐	☐
2.	☐	☐
3.	☐	☐
4.	☐	☐
5.	☐	☐
6.	☐	☐

Integración

1A escuchar (nasi)

Actividad A Listen.

Actividad B Listen and choose.

1. _____ Yo soy méxicana.
2. _____ Soy de Monterrey.
3. _____ Soy alumna en una escuela privada.
4. _____ Soy una amiga de Luis Garza.
5. _____ Soy una amiga de Luisa Gravalos.
6. _____ Luisa es una amiga ambiciosa.
7. _____ Luisa es muy inteligente.

Actividad C Write.

_____

_____

Repaso cumulativo

Actividad A Listen and choose.

	saludo	despedida
1.	□	□
2.	□	□
3.	□	□
4.	□	□
5.	□	□
6.	□	□

La familia y la casa

CAPÍTULO 2

La familia y la casa

Vocabulario 1

A Here is Isabel's family tree. Write the relationship of each person to Isabel.

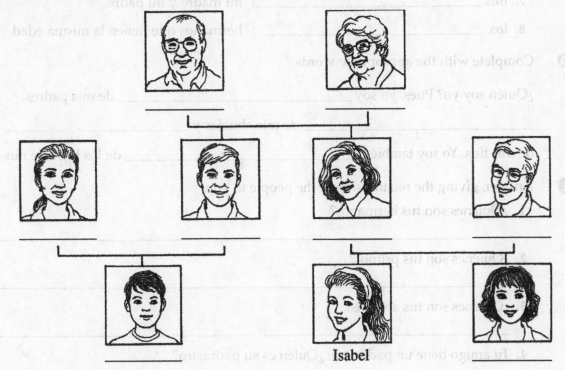

Isabel

B Indicate if each statement is **verdad** or **falso**.

	verdad	falso
1. Hay muchas personas en una familia grande.	☐	☐
2. Mis padres son los nietos de mis abuelos.	☐	☐
3. Mis abuelos son los padres de mis padres.	☐	☐
4. Yo soy el (la) sobrino(a) de mis abuelos.	☐	☐
5. Los hijos de mis tíos son mis primos.	☐	☐

C Complete the dictionary.

1. mi _____: otro hijo de mi madre o de mi padre

2. mi _____: otra hija de mi madre o de mi padre

3. mi _____: el hermano de mi madre

4. mi _____: la hermana de mi padre

5. mi _____: el padre de mi madre

6. mis _____: los hijos de mis tíos

7. mis _____: mi madre y mi padre

8. los _____: hermanos que tienen la misma edad

D Complete with the appropriate words.

¿Quién soy yo? Pues, yo soy _____ de mis padres,
                                                    1

_____ de mis abuelos y _____
                  2   3

de mis tíos. Yo soy también _____ de los hijos de mis tíos.
                                                    4

E Answer, giving the relationship of the people to you.

1. ¿Quiénes son tus hermanos?

_____

2. ¿Quiénes son tus primos?

_____

3. ¿Quiénes son tus abuelos?

_____

4. Tu amigo tiene un padrastro. ¿Quién es su padrastro?

_____

5. Tu amiga tiene dos hermanastras. ¿Quiénes son sus hermanastras?

_____

F Describe the following.

1. una familia grande

_____

_____

2. una familia pequeña

_____

_____

Vocabulario 2

A Match the statement with the illustration.

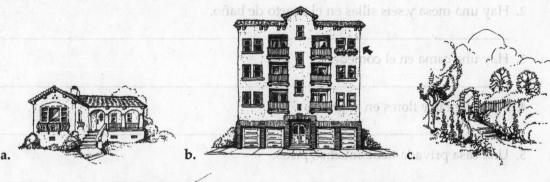

a.

b.

c.

d.

e.

1. _____ Es una casa privada.
2. _____ Es un jardín con flores y árboles.
3. _____ Hay un carro en el garaje.
4. _____ Es un edificio de apartamentos.
5. _____ El carro no es nuevo. Es viejo.
6. _____ Los apartamentos tienen un balcón.
7. _____ Hay plantas delante de la casa.
8. _____ Hay árboles al lado del garaje.

B Identify each room of the house.

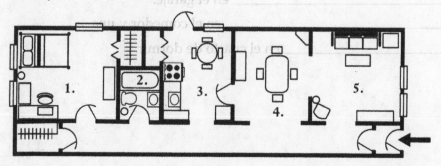

1. _____
2. _____
3. _____
4. _____
5. _____

C Correct the false statements.

1. Una casa pequeña tiene diez cuartos.

   _____

2. Hay una mesa y seis sillas en el cuarto de baño.

   _____

3. Hay una cama en el comedor.

   _____

4. Hay plantas y flores en el garaje.

   _____

5. Una casa privada tiene muchos pisos.

   _____

6. Un edificio alto tiene casas privadas.

   _____

7. Un hijo único tiene hermanos.

   _____

8. Un carro es una mascota.

   _____

D Complete with an appropriate word.

1. Una casa pequeña tiene cuatro _____ y una casa grande

   tiene diez _____.

2. Una casa privada tiene un _____ y un

   _____ tiene un balcón.

3. Hay plantas y _____ en un jardín.

4. Hay un _____ en el garaje.

5. Hay una _____ en el comedor y una

   _____ en el cuarto de dormir.

E Express the italicized words in a different way.

1. La casa tiene tres *cuartos de dormir*.

_____

2. El edificio tiene muchos *apartamentos*.

_____

3. Es un edificio *de treinta pisos*.

_____

4. Hay dos *coches* en el garaje.

_____

F Describe the following.

1. una casa privada

_____

_____

2. un apartamento

_____

_____

G Write a description of this house. Be as complete as you can.

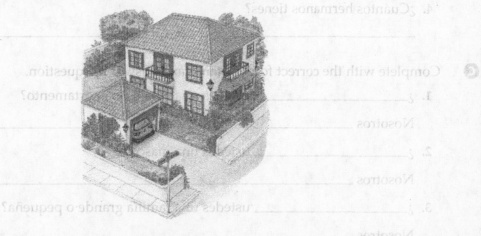

_____

_____

_____

_____

Gramática

El verbo **tener**

A Complete with the correct form of **tener.**

Ellos _____ dos primos. Sus primos _____ una

        1   2

casa bonita en Guadalajara. Su casa _____ seis cuartos. La casa

                                                             3

_____ un jardín grande también. Y sus primos _____

       4   5

un carro nuevo.

B Give personal answers. Remember to use the **yo** form of the verb.

The **yo** form of **tener** is _____.

1. ¿Cuántos años tienes?

_____

2. ¿Tienes ojos azules, verdes o castaños?

_____

3. ¿Tienes el pelo castaño, negro o rubio?

_____

4. ¿Cuántos hermanos tienes?

_____

C Complete with the correct form of **tener** and answer the question.

1. ¿_____ ustedes una casa o un apartamento?

Nosotros _____.

2. ¿_____ ustedes una mascota?

Nosotros _____.

3. ¿_____ ustedes una familia grande o pequeña?

Nosotros _____.

D Complete with the correct form of **tener.**

Yo _____ 1 dos hermanos. Mi hermano menor

_____ 2 quince años y mi hermana mayor _____ 3

diecinueve años. Nosotros _____ 4 un perro adorable. Nuestro perrito

_____ 5 solo siete meses.

Y tú, ¿_____ 6 hermanos? ¿Cuántos hermanos _____ 7?

¿_____ 8 ustedes una mascota? ¿Qué _____ 9, un perro o

un gato?

Nosotros _____ 10 una casa privada. La casa _____ 11

cuatro dormitorios. Yo _____ 12 mi dormitorio y mis dos hermanos

_____ 13 su dormitorio.

E Answer each question.

1. ¿Cuántos años tienes?

_____

2. ¿Tienes hermanos?

_____

3. ¿Tienen tus hermanos un carro o una bicicleta?

_____

4. ¿Tienen ustedes una casa privada o un apartamento?

_____

F Form sentences using **tener.**

1. yo / una familia bastante grande

_____

2. yo / tres hermanos

_____

3. nosotros / un perrito

_____

4. nuestro perrito / ocho meses

_____

5. mi familia / un carro nuevo

_____

G   Answer each question.

1. José tiene quince años. ¿Y tú?

_____

2. Ellos tienen una familia grande. ¿Y tu prima Luisa?

_____

3. Ella tiene un perro. ¿Y ustedes?

_____

4. Los padres de Luisa tienen una casa privada. ¿Y tu familia?

_____

5. Él tiene un carro viejo. ¿Y ustedes?

_____

Gramática

Los adjetivos posesivos

A Complete with the correct possessive adjective.

1. Yo tengo dos hermanos. _____ hermano menor tiene trece años y _____ hermano mayor tiene diecisiete.

2. Nosotros tenemos una casa privada. _____ casa tiene un jardín. _____ casa tiene un garaje también. Tenemos un carro. _____ carro no es muy viejo.

3. Tú tienes un hermano, ¿no? ¿Cuántos años tiene _____ hermano? ¿_____ hermano tiene una bicicleta?

4. La familia de Maripaz tiene un departamento en Lima. _____ departamento es grande. _____ departamento tiene un balcón. De _____ balcón hay una vista bonita del océano Pacífico.

B Complete with the correct possessive adjective.

1. Mi hermana y yo somos alumnos de español pero no tenemos el mismo profesor. _____ profesor es de Cuba pero el profesor de _____ hermana es de Estados Unidos. _____ profesor y _____ profesor también son muy simpáticos.

2. Mi hermana y yo somos alumnos en la misma clase de historia. _____ clase de historia no es muy grande pero es interesante. _____ profesora de historia es muy buena.

3. Carlos, ¿cuántos años tiene _____ hermano? Tú eres mayor que _____ hermano pero ustedes son alumnos en la misma escuela, ¿no? ¿Es _____ escuela una escuela pública o privada?

C   Answer. Use a possessive adjective in your answer.

    1. ¿Cuántas personas hay en tu familia?

    _____

    2. Tus padres tienen un carro. ¿Es viejo o nuevo el carro de tus padres?

    _____

    3. Tú y tus hermanos tienen una mascota. ¿Es su mascota un perro o un gato?

    _____

    4. Tus tíos tienen una casa nueva. ¿Es grande o pequeña la casa de tus tíos?

    _____

    5. Tú y tus hermanos son alumnos en la misma escuela. ¿Es grande o pequeña su escuela?

    _____

    6. ¿Cuál es tu curso favorito? Y, ¿cuál es el curso favorito de tu hermano?

    _____

    _____

Integración

¡A leer más!

A   Read the following selection.

Influencias indígenas

En muchas partes de Latinoamérica la influencia de las poblaciones indígenas es muy importante. Los indígenas son los habitantes originales o autóctonos de las Américas.

Hoy hay descendientes de los famosos mayas y aztecas en México y otras partes de Centroamérica. Los aztecas son famosos por su calendario preciso. Es un calendario solar de 365 (trescientos sesenta y cinco) días.

En Ecuador, Perú y Bolivia hay muchos descendientes de los incas.

B   Find the following information.

   1. tres grupos de indígenas de Latinoamérica

_____

   2. tipo de calendario que tienen los indígenas de México mucho antes de la conquista de los españoles

_____

C   Find all the cognates in this short reading. Compare your list with other class members. Who found the most?

_____

_____

_____

D   Find words related to the following words.

   1. la importancia _____

   2. el origen _____

   3. el sol _____

   4. la fama _____

E   Answer.

¿Quiénes son los indígenas?

_____

_____

Integración

A Read the following real estate advertisement.

RES. LA FUENTE
Chalet 700 m² parcela. 2 plantas,
2 baños, 4 dormitorios, salón, sótano
porche delantero, cocina.
480.000 €

B Complete based on the ad in Activity A.

1. _____ es una forma corta de «residencia».

2. _____ son metros cuadrados.

3. _____ es como una palabra en inglés.

C Answer based on the ad in Activity A.

1. ¿Es la Residencia La Fuente un chalet o un apartamento?

_____

2. ¿Es un chalet una casa privada?

_____

3. ¿Cuántas plantas o pisos tiene la casa?

_____

4. ¿Cuántos baños y dormitorios tiene?

_____

5. ¿Tiene cocina y salón?

_____

6. ¿Hay un porche delante de la casa?

_____

D Guess based on the ad in Activity A.

Sótano means _____.

a. garden

b. cellar

c. roof

E Read the following real estate advertisement.

C/ ANCHA
Últimos pisos en venta,
3 dormitorios, salón comedor,
cocina, baño, terraza, plz aparc.
234.000 €

F Complete based on the ad in Activity E.

1. _____ is **calle.**

2. _____ is an abbreviation for *parking place.*

3. _____ indicates that many apartments have already been sold.

4. _____ indicates that the living and dining room are in the same room.

G Answer based on the ad in Activity E.

1. ¿Cuántos dormitorios tiene?

_____

2. ¿Es un apartamento o una casa privada?

_____

3. ¿Tiene una terraza, un porche o un jardín?

_____

H Compare the rooms from the ads in Activities A and E.

Res. La Fuente	C/ Ancha

Tarea

La casa

Task Your father has been given a great promotion at his job in a city too far away for him to commute. Your family will have to sell your house and find another in your new location. Your father wants to try to sell the house privately. Since you have had some experience writing advertisements for your high school newspaper, he has asked for your help. There are many Spanish speakers in the community, so he has asked you to write the ad in Spanish. Because the housing market is very weak, the advertisement should be colorful, clear, and very attractive to people who may be looking to buy.

- Create an advertisement similar to those you worked with on page 82 of your textbook so that the house sells quickly and at the right price. Include a detailed picture of the house and any information that you think is important to a buyer.

How Use the diagram below to help organize your ideas.

Use this information to help you write the advertisement about your house.

- Check your sentences for the correct verb forms.
- Check all words for correct spelling.
- Check all words for the correct endings.

You may use a separate sheet of paper to lay out your ad.

CAPÍTULO 2

La familia y la casa

Vocabulario 1

Actividad A Listen and repeat.

Actividad B Listen and choose.

	correcto	incorrecto
1.	☐	☐
2.	☐	☐
3.	☐	☐
4.	☐	☐
5.	☐	☐
6.	☐	☐
7.	☐	☐
8.	☐	☐

Actividad C Listen and choose.

	sí	no
1.	☐	☐
2.	☐	☐
3.	☐	☐
4.	☐	☐
5.	☐	☐
6.	☐	☐
7.	☐	☐

Actividad D Listen and answer.

Vocabulario 2

Actividad E Listen and repeat.

Actividad F Listen and choose.

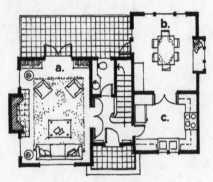

La planta baja

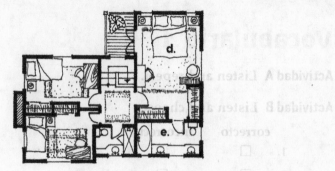

el primer piso

1. _____   4. _____

2. _____   5. _____

3. _____

Actividad G Listen and choose.

	sí	no
1.	☐	☐
2.	☐	☐
3.	☐	☐
4.	☐	☐
5.	☐	☐
6.	☐	☐
7.	☐	☐
8.	☐	☐
9.	☐	☐
10.	☐	☐

Actividad H Listen and choose.

1. a b c   4. a b c
2. a b c   5. a b c
3. a b c

Gramática

Actividad A Listen.

Actividad B Listen and repeat.

Actividad C Listen and speak.

Actividad D Listen and choose.

1. _____   **a.** talking about myself
2. _____   **b.** talking about myself and a friend
3. _____   **c.** speaking to a friend
4. _____   **d.** talking about someone
5. _____   **e.** speaking to an adult
6. _____   **f.** talking about two or more people
7. _____   **g.** speaking to two or more people

Actividad E Listen and choose.

1. a b c
2. a b c
3. a b c
4. a b c

Actividad F Listen and choose.

1. a b
2. a b
3. a b
4. a b
5. a b

Actividad G Listen and answer.

Actividad H Listen and repeat.

Conversación

Actividad A Listen.

Actividad B Listen and repeat.

Actividad C Listen and choose.

1. **a.** un hermano
   b. tres hermanos
2. **a.** bastante pequeña
   b. bastante grande
3. **a.** su hermana mayor
   b. su hermana menor
4. **a.** de Maricarmen
   b. de Federico

Lectura cultural

Actividad A Listen.

Actividad B Listen and write.

1. number of children in the Morales family _____

2. capital of Ecuador _____

3. What is **un colegio?** _____

4. Do the Morales have a house or an apartment? _____

Lectura—Un poco más

Actividad A Listen.

Integración

¡A escuchar más!

Actividad A Listen.

Actividad B Listen and choose.

1. Cotacachi   Quito
2. Colombia   Ecuador
3. alumno   profesor
4. un colegio   una universidad
5. cuatro   seis
6. matemáticas   ciencias

Repaso cumulativo

Actividad A Listen and choose.

	sí	no
1.	☐	☐
2.	☐	☐
3.	☐	☐
4.	☐	☐
5.	☐	☐
6.	☐	☐

En clase y después

En clase y después

CAPÍTULO

En clase y después

Vocabulario 1

A Choose a word from the **banco de palabras** to complete each sentence.

enseñan	estudian	sacan	hablan	prestan
levantan	toman	llevan	contestan	

1. Los alumnos _____ mucho. Son muy ambiciosos.

2. Ellos _____ atención en clase.

3. Ellos _____ la mano si tienen una pregunta.

4. Los profesores _____ sus preguntas.

5. Los profesores _____

6. Los alumnos _____ español en la clase de español.

7. Ellos _____ un examen. El examen es difícil.

8. Los muchachos _____ una camisa y un pantalón.

B Put an X next to the activities you do during class.

1. _____ estudiar

2. _____ enseñar

3. _____ prestar atención

4. _____ dar un examen

5. _____ tomar un examen

C Indicate if the statement makes sense or not.

	sí	no
1. Un alumno bueno presta atención cuando el profesor habla.	☐	☐
2. Un alumno malo saca notas altas.	☐	☐
3. Los alumnos estudian y la profesora enseña.	☐	☐
4. El alumno levanta la mano cuando contesta una pregunta.	☐	☐
5. Una camisa y un pantalón son materiales escolares.	☐	☐
6. Un bolígrafo, un cuaderno y los lápices son materiales escolares.	☐	☐

D Complete with an appropriate word.

1. Él levanta la _____ cuando tiene una
   _____ .

2. Ellos prestan _____ cuando su
   _____ habla.

3. _____ enseña y _____
   estudian.

4. El profesor _____ los exámenes y el alumno
   _____ los exámenes.

5. Una nota _____ es una nota alta y una nota
   _____ es una nota baja.

6. Los muchachos llevan _____ y
   _____ .

7. Y las muchachas llevan _____ y
   _____ .

8. Los alumnos llevan sus materiales escolares en _____ .

E Make a list of things that fit in each category.

lo que lleva un muchacho	lo que lleva una muchacha	materiales escolares
_____	_____	_____
_____	_____	_____
_____	_____	_____
_____	_____	_____
_____	_____	_____

F Answer each question.

1. ¿Quiénes toman exámenes en la clase?

    _____

2. ¿Quiénes sacan notas buenas?

    _____

3. ¿Quiénes hablan español en la clase de español?

    _____

    _____

4. ¿Quiénes dan los exámenes en la escuela?

    _____

5. ¿Quiénes contestan preguntas?

    _____

6. ¿Quiénes prestan atención al profesor?

    _____

7. ¿Cuándo prestan ellos atención?

    _____

8. ¿Quiénes levantan la mano?

    _____

9. ¿Cuándo levantan ellos la mano?

    _____

    _____

Vocabulario 2

A   Choose where each activity takes place. Sometimes it may be two places.

	en casa	en la escuela	en la tienda
1. Compra una camisa nueva.	☐	☐	☐
2. Escucha al profesor.	☐	☐	☐
3. Escucha su CD favorito.	☐	☐	☐
4. Paga en la caja.	☐	☐	☐
5. Envía correos electrónicos.	☐	☐	☐
6. Navega la red.	☐	☐	☐
7. Pregunta: ¿Cuánto cuesta?	☐	☐	☐

B   Choose the correct word.

1. Navega (la red, la calculadora).

2. Tiene sus materiales escolares en su (carpeta, mochila).

3. La empleada (trabaja, paga) en la tienda.

4. Ellos miran (un CD, un DVD).

5. Él habla en su (carpeta, móvil).

C   Put the following sentences in order.

1. _____   **a.** Ella busca una carpeta.

2. _____   **b.** Ella necesita materiales escolares.

3. _____   **c.** Ella mira varias carpetas.

4. _____   **d.** Ella va a la tienda.

5. _____   **e.** Ella va a la caja.

6. _____   **f.** Ella compra una carpeta.

7. _____   **g.** Ella paga.

D   Complete with an appropriate word.

1. Después de las clases, los alumnos _____ a casa.

2. No toman el bus escolar. Van _____.

3. Su casa no está lejos de la escuela. Está _____.

4. En la tienda él paga en la _____. Él paga con

_____.

5. Ella usa _____ cuando navega

_____.

6. Él no usa el teléfono. Usa su _____ cuando habla
con sus amigos.

E Make up a sentence using each of the following words.

1. necesita

_____

2. va

_____

3. busca

_____

4. escucha

_____

5. navega

_____

6. habla

_____

7. envía

_____

8. usa

_____

Gramática

Presente de los verbos en -ar

Ⓐ Choose the correct verb form.

1. Él (estudia, estudian) mucho.

2. Yo (hablo, hablamos) español.

3. Nosotros (miran, miramos) un DVD.

4. La profesora (enseñas, enseña) bien.

5. Tú (trabajas, trabaja) mucho.

6. ¿Cuánto (pagas, pagan) ustedes?

7. Yo (envía, envío) muchos correos electrónicos.

8. Ellas siempre (navegas, navegan) la red.

Ⓑ Put the correct verb ending on each stem.

1. Yo habl _____.

2. Tú mir _____.

3. Usted regres _____.

4. Él enseñ _____.

5. Ella trabaj _____.

6. Nosotros contest _____.

7. Ustedes escuch _____.

8. Ellos tom _____.

9. Ellas estudi _____.

Ⓒ Complete with the correct form of the indicated verb.

1. Nosotros _____ mucho en la clase de español. (hablar)

2. Yo _____ la mano y la profesora

   _____ mi pregunta. (levantar, contestar)

3. Yo _____ atención cuando la profesora

   _____. (prestar, hablar)

4. ¿Tú _____ el bus escolar a casa? (tomar)

5. Yo _____ la red y ellos

   _____ en su móvil. (navegar, hablar)

6. Ustedes no _____ uniforme a la escuela. (llevar)

7. Nosotros _____ nuestros materiales escolares en una
   mochila. (llevar)

8. ¿En qué tienda _____ tú? (trabajar)

D   Form sentences with the following. Give as much information as possible.

    1. yo / hablar

_____

    2. él / comprar

_____

    3. la profesora / enseñar

_____

    4. ustedes / tomar

_____

    5. nosotros / sacar

_____

    6. Pablo y Elena / estudiar

_____

    7. yo / regresar

_____

    8. tú / buscar

_____

E   Choose the correct answer and circle the corresponding letter.

    1. ¿Hablan ustedes español?
      a. Sí, hablan español.
      b. Sí, hablamos español.
      c. Sí, hablas español.

    2. ¿Necesitas mucho dinero?
      a. No, no necesito mucho dinero.
      b. No, ustedes no necesitan mucho dinero.
      c. No, no necesitas mucho dinero.

    3. ¿Dónde busca Elena la información?
      a. Buscan la información en el Internet.
      b. Busca la información en el Internet.
      c. Busco la información en el Internet.

    4. Ellos estudian mucho, ¿no?
      a. Sí, estudias mucho.
      b. Sí, estudian mucho.
      c. Sí, estudiamos mucho.

    5. ¿Cuándo regresan ustedes a casa?
      a. Ustedes regresan después de las clases.
      b. Regresan después de las clases.
      c. Regresamos después de las clases.

Gramática

Los verbos ir, dar, estar

A   Answer each question based on the illustration.

1.

¿Adónde vas?

_____

2.

¿Cómo vas?

_____

3.

¿Cómo vas?

_____

4.

¿Dónde estás?

_____

B Choose the correct verb form to complete each sentence.

voy	vas	va	vamos	van

Yo _____ y él _____ también. Pero no _____ juntos. Él
        1   2   3

_____ a pie y yo _____ en el bus. Pero, ¿adónde _____ ustedes?
        4   5   6

Nosotros _____ a la escuela. _____ a la misma escuela. Es interesante.
              7   8

Ustedes _____ a la misma escuela pero uno _____ a pie y el otro
              9   10

_____ en el bus. José, ¿por qué no _____ tú a pie también? ¿Eres
      11   12

perezoso?

C Answer each question.

1. ¿Cómo vas a la escuela por la mañana?

   _____

2. ¿Está cerca o lejos de la escuela tu casa?

   _____

3. Cuando estás en la escuela, ¿hablas mucho con tus amigos?

   _____

4. Cuando ustedes hablan con el/la profesor(a), ¿están ustedes en la sala de clase o en el patio de la escuela?

   _____

5. ¿Da muchos exámenes tu profesor(a) de español?

   _____

D Complete with the correct form of the indicated verb.

1. —¡Hola, José! ¿Cómo _____? (estar)

   —_____ bien. (estar)

2. —¿Adónde _____, amigo? (ir)

   —_____ a la tienda. (ir)

3. —¿ _____ a la tienda? (ir)

   Yo _____ también. (ir)

   —¿Por qué no _____ juntos? (ir)

   —¡Buena idea!

4. —¿Dónde _____ la empleada? (estar)

   —_____ en la caja. (estar)

5. —Ahora aquí _____ nosotros en la caja. (estar)

   —Y, ¿dónde _____ ella? (estar)

Gramática

Las contracciones **al** y **del**

A Choose the correct completion and circle the corresponding letter.

1. Voy _____ gimnasio.
   a. al   b. a   c. a la   d. del

2. ¿Vas _____ clase de español ahora?
   a. al   b. a la   c. a los   d. a las

3. Es el amigo _____ hermana de Pablo.
   a. de las   b. del   c. de los   d. de la

4. Es el carro _____ señores Gómez.
   a. del   b. a los   c. de los   d. al

5. El garaje está _____ lado de la casa.
   a. a la   b. al   c. del   d. a los

6. La bicicleta _____ amigo de mi hermano está en el garaje.
   a. al   b. del   c. de la   d. a los

B Complete with the correct preposition.

1. Vamos _____ gimnasio y después vamos _____ auditorio.

2. Vamos _____ escuela y después _____ clases vamos _____ tienda.

3. El jardín está detrás _____ casa.

4. Voy _____ tienda y doy el dinero _____ empleado.

C Make up sentences using **Yo voy a.**

| clase de historia | laboratorio | tienda | gimnasio | montañas |

1. _____

2. _____

3. _____

4. _____

5. _____

D Complete with the **a personal** when necessary.

1. Él lleva _____ su hermanito a la escuela.

2. Los alumnos escuchan _____ profesor.

3. Miramos _____ la televisión y navegamos _____ el Internet.

4. La profesora enseña _____ sus alumnos.

5. Ella contesta _____ la pregunta.

6. Necesito _____ mis padres.

Integración

¡A leer más!

A Read the following selection about schools in Spain and Latin America.

Notas o calificaciones

Los alumnos en Estados Unidos y los alumnos en España y Latinoamérica—todos sacan notas. Pero a veces son notas muy diferentes. Por ejemplo en muchas escuelas estadounidenses la nota es a veces un número—de cero a cien, por ejemplo, o una letra de F a A. Una nota o calificación de B es muy buena y una de 70 no es muy buena.

En muchas escuelas latinoamericanas las notas son números también. Pero el sistema varía mucho. Por ejemplo, en unas escuelas las notas van de cero a siete; en otras de cero a diez y en otras de cero a veinte. Varía de país en país.

A veces, sobre todo en España, la nota o calificación no es un número y no es una letra. Es una palabra—un comentario del profesor. Aquí los tienes.

Sobresaliente	**Aprobado o regular**
Bueno o notable	**Suspenso, desaprobado, insuficiente, cate**

Cursos, materias o asignaturas

Por lo general los alumnos o estudiantes en los institutos de educación secundaria en los países hispanos toman más cursos en un semestre que los alumnos estadounidenses. Aquí tomamos por lo general cuatro cursos académicos, ¿no? Y, a veces tomamos cinco. En España o Latinoamérica los alumnos toman seis o siete. Pero todos los cursos, aun los cursos académicos, no son diarios. Unos son dos o tres veces a la semana.

Hay otra diferencia interesante. Cuando los alumnos estadounidenses estudian un curso de matemáticas, toman un curso de álgebra y otro curso de geometría. En ciencias tienen un curso de biología y otro de química. En España y Latinoamérica los cursos son generalmente más interdisciplinarios. El curso lleva el título de «Matemáticas 1» y en el mismo curso hay álgebra, geometría, trigonometría y más tarde cálculo. En el mismo curso de ciencias hay unidades sobre biología, física y química.

B Give one or more terms that mean the same as each of the following.

1. una nota _____

2. el alumno _____

3. una opinión _____

4. excelente _____

5. bueno _____

6. regular _____

7. insuficiente _____

8. el curso _____

9. establecimientos educativos (educacionales) _____

C Match expressions that mean the same thing.

1. _____ de Estados Unidos

2. _____ varía

3. _____ sobre todo

4. _____ generalmente

5. _____ instituto secundario

6. _____ de todos los días

7. _____ alumnos secundarios o universitarios

8. _____ una combinación de materias

9. _____ lecciones, capítulos

a. por lo general, en general

b. diario

c. interdisciplinario

d. estadounidense

e. estudiantes

f. cambia

g. unidades

h. especialmente

i. una escuela secundaria

Integración

A Look at the grade card.

sep **SISTEMA EDUCATIVO NACIONAL**
EDUCACIÓN SECUNDARIA
BOLETA DE EVALUACIÓN 2008-2009
2° grado

ESCUELA: GENERAL ANDRÉS S. VIESCA

ALUMNO: CARLOS MANUEL
NOMBRE

PRIMER APELLIDO   SEGUNDO APELLIDO

JOSE
NOMBRE Y FIRMA DEL DIRECTOR

SALTILLO, COAHUILA
LUGAR DE EXPEDICIÓN

FECHA | 10 | 07 | 2008 |
DÍA   MES   AÑO

B Complete based on the grade card in Activity A.

1. el nombre del alumno _____
2. el nombre de la escuela _____
3. el director de la escuela _____

C Answer each question.

1. What term on this form means *report card*? _____
2. Where is the school? _____

Integración

A Look at the grades.

ASIGNA-TURAS / MESES	CALIFICACIONES							
	ESPAÑOL	MATEMÁTICAS	CIENCIAS NATURALES	HISTORIA	GEOGRAFÍA	EDUCACIÓN CÍVICA	EDUCACIÓN ATLÉTICA	EDUCACIÓN FÍSICA
ENERO FEBRERO	7	8	5	8	6	8	9	9
MARZO ABRIL	8	9	7	8	7	9	10	9
MAYO JUNIO JULIO	8	9	9	9	6	9	10	9
CALIFICACIÓN FINAL	7.6	8.6	7.0	8.3	6.3	8.6	9.6	9.0

RESULTADO DE LA EVALUACIÓN

PROMEDIO GENERAL ANUAL __8.1__   OCHO   PUNTO   UNO

PROMOVIDO (X)   NO PROMOVIDO ( )

B Answer each question.

1. What word is used instead of **notas**? _____

2. What word means *average*? _____

3. What word means *promoted*? _____

C Answer each question.

1. ¿Cuáles son los cursos que toma el alumno? _____

2. En la escuela, ¿cuál es una nota o calificación alta para Carlos Manuel? _____

3. Y, ¿cuál es una nota baja? _____

4. ¿Qué promedio tiene Carlos Manuel? _____

Integración

A Read the advertisement for **Cursos de inglés.**

Cursos de inglés

- **Profesores nativos** muy cualificados
- Todos los niveles
- Individual o en grupo
- **Cursos intensivos** y anuales (conversación y gramática)
- Clases de conversación
- A diario y/o **sábados**
- **Descuentos a grupos**: ¡ Trae a tus amigos !

También ofrecemos cursos de, alemán, francés, holandés, japonés, chino y español para extranjeros.

B Indicate how the ad expresses the following information.

1. profesores que tienen buenas calificaciones _____

2. cursos para principiantes y alumnos avanzados _____

3. clases todos los días _____

4. cursos para una sola persona o muchas personas _____

C Make a list of the languages the school teaches.

_____   _____

_____   _____

_____   _____

Tarea

¿Quieres trabajar?

Task You need to find a job for after school and weekends to help save money for college tuition. The idea is really not appealing to you, but you know it is important that you start to save some money. So you have decided to try to focus specifically on the kinds of jobs you might enjoy instead of taking something that you probably would not like. You are going to design a want ad advertising yourself in hoping that an employer will contact you. Since you know that knowledge of Spanish is a marketable skill, you decide to demonstrate your abilities by writing the ad in Spanish.

- On page 114 of your textbook is a want ad advertising a job at an amusement park. Use it to help you decide on the kind of information you want to include in your ad.

How Use the diagram below to organize your information before you actually start to write.

- In the center box write the name and draw a picture of the job you would like. In each connected box include a piece of important information. Some suggestions are given.

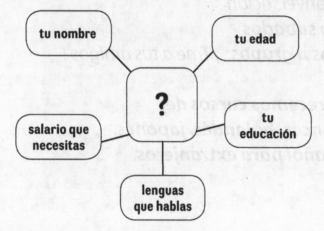

Use this information to help you write the advertisement.

- Check your sentences for the correct verb forms.
- Check all words for correct spelling.
- Check all words for the correct endings.

En clase y después

Vocabulario 1

Actividad A Listen and repeat.

Actividad B Listen and choose.

1. _____
2. _____
3. _____
4. _____
5. _____

Actividad C Listen and choose.

	sí	no
1.	☐	☐
2.	☐	☐
3.	☐	☐
4.	☐	☐
5.	☐	☐
6.	☐	☐

Actividad D Listen and choose.

1. a b
2. a b
3. a b
4. a b
5. a b

Vocabulario 2

Actividad E Listen and repeat.

Actividad F Listen and choose.

	antes de las clases	durante las clases	después de las clases
1.	☐	☐	☐
2.	☐	☐	☐
3.	☐	☐	☐
4.	☐	☐	☐
5.	☐	☐	☐
6.	☐	☐	☐
7.	☐	☐	☐
8.	☐	☐	☐

Actividad G Listen and choose.

	sí	no			sí	no
1.	☐	☐		6.	☐	☐
2.	☐	☐		7.	☐	☐
3.	☐	☐		8.	☐	☐
4.	☐	☐		9.	☐	☐
5.	☐	☐		10.	☐	☐

Actividad H Listen and choose.

a. porque estudia mucho
b. porque el profesor habla
c. porque tiene una pregunta
d. porque necesita materiales escolares
e. porque tiene que pagar
f. porque su casa está lejos

Gramática

Actividad A Listen and choose.

1. _____ **a.** I am speaking to a friend.
2. _____ **b.** I am talking about someone else.
3. _____ **c.** I am talking about myself.
4. _____ **d.** I am talking about myself and others.
5. _____ **e.** I am speaking to several friends.
6. _____ **f.** I am talking about several people.

Actividad B Listen and answer.

Actividad C Listen and speak.

Actividad D Listen and answer.

Actividad E Listen and choose.

1. a   b   c
2. a   b   c
3. a   b   c
4. a   b   c

5. a   b   c
6. a   b   c
7. a   b   c

Actividad F Listen and speak.

Actividad G Listen and answer.

Actividad H Listen and speak.

Actividad I Listen and choose.

1. a   b   c
2. a   b   c
3. a   b   c
4. a   b   c
5. a   b   c

Actividad J Listen and answer.

Actividad K Listen and repeat.

Conversación

Actividad A Listen.

Actividad B Listen and repeat.

Actividad C Listen and choose.

	sí	no
1.	☐	☐
2.	☐	☐
3.	☐	☐
4.	☐	☐
5.	☐	☐
6.	☐	☐
7.	☐	☐
8.	☐	☐

Lectura cultural

Actividad A Listen.

Actividad B Listen and write.

unas características de las escuelas en Perú _____

_____

lo que llevan y no llevan los alumnos a la escuela _____

_____

otras palabras que significan «escuela secundaria» _____

_____

Lectura—Un poco más

Actividad A Listen.

Integración

¡A escuchar más!

Actividad A Listen.

Actividad B Listen and choose.

a   b   c

Actividad C Listen and answer.

_____

Actividad D Listen and answer.

_____

Repaso cumulativo

Actividad A Listen and choose.

	Felipe	Carlos	Ana	Mari	Diego	Sara
1.	☐	☐	☐	☐	☐	☐
2.	☐	☐	☐	☐	☐	☐
3.	☐	☐	☐	☐	☐	☐
4.	☐	☐	☐	☐	☐	☐
5.	☐	☐	☐	☐	☐	☐
6.	☐	☐	☐	☐	☐	☐

¿Qué comemos y dónde?

¿Qué comemos y dónde?

Vocabulario 1

A Put the following foods in the correct category. Keep in mind that some can fit into more than one category.

los huevos	la pizza	el flan	un sándwich de queso	un pescado
papas fritas	el café	la leche	el helado	el pollo
una hamburguesa	el tocino	el agua	una ensalada de lechuga y tomates	
el jugo de naranja	el pan tostado	una cola		

desayuno: _____

_____

_____

almuerzo: _____

_____

_____

cena: _____

_____

_____

postre: _____

_____

_____

bebida fría: _____

_____

_____

bebida caliente: _____

_____

_____

B Circle the statement in each pair that makes sense.

  1. a. Tengo hambre. Voy a comer algo.

   b. Tengo hambre. Voy a beber algo.

  2. a. Para el desayuno tomamos una ensalada y una cola.

   b. Para el desayuno tomamos cereal y un vaso de jugo de naranja.

  3. a. Durante la semana, de lunes a viernes, tomamos el almuerzo en casa.

   b. Durante la semana, de lunes a viernes, tomamos el almuerzo en la cafetería de
        la escuela.

  4. a. La tarta es un postre delicioso.

   b. La tarta es una comida deliciosa.

  5. a. La muchacha come un bocadillo de jamón y queso.

   b. La muchacha come un bocadillo de pizza.

C Write a menu for the following meals.

Desayuno	Almuerzo	Cena

D Complete based on your own preferences.

  1. Mi postre favorito es _____.

  2. Mi bebida caliente favorita es _____.

  3. Mi bebida fría favorita es _____.

  4. Mi desayuno favorito es _____.

  5. Mi legumbre favorita es _____.

E   Correct any false statements.

1. El pollo es un pescado.

_____

2. La lechuga es una fruta.

_____

3. El queso y la mantequilla son productos de leche—productos lácteos.

_____

4. La muchacha bebe una taza de chocolate frío.

_____

5. Una gaseosa es una comida.

_____

6. Un postre tiene lechuga y tomates.

_____

7. Los huevos son buenos para la cena.

_____

8. Él come un vaso de agua.

_____

9. La naranja es una legumbre.

_____

10. Tomás come una hamburguesa porque tiene sed.

_____

F   Write an original sentence with each of the following. Give as much information as possible.

1. toma

_____

2. come

_____

3. bebe

_____

4. vive

_____

5. recibe

_____

6. cena

_____

Vocabulario 2

A Circle the word in each group that does not belong.

1. batidos   refrescos   jugos tropicales   empanadas
2. tapas   meriendas   desayuno   antojitos
3. aceitunas   albóndigas   postres   tostones
4. huevos   mesero   menú   orden

B Choose the word being defined from the **banco de palabras**.

libre	el menú	el mesero	un refresco	el café
la naranja	una merienda			

1. una fruta tropical _____
2. una lista de comidas _____
3. lugar donde tomamos un refresco o una merienda _____
4. persona que trabaja en un café _____
5. no ocupado _____
6. una cola o gaseosa _____
7. tapas o antojitos _____

C Complete with an appropriate word.

1. Los _____ de jugos tropicales son deliciosos.
2. Hay agua mineral con _____ y sin
   _____. El agua mineral sin
   _____ es agua natural.
3. Los _____ y las _____
   tienen (llevan) carne.
4. María tiene hambre y toma _____ en el café.
5. Carlos tiene sed y toma _____ en el café.
6. La muchacha está en el café. Ella _____ el menú y el
   mesero _____ su orden.
7. Ella come en el café y luego paga _____.
8. La mesa no está libre. Está _____.

D Put the following in order.

1. _____   **a.** Lee el menú.

2. _____   **b.** Anita va al café.

3. _____   **c.** Da su orden al mesero.

4. _____   **d.** Abre el menú.

5. _____   **e.** Busca una mesa libre.

6. _____   **f.** El mesero escribe la orden.

7. _____   **g.** Anita come.

8. _____   **h.** Anita paga su cuenta.

9. _____   **i.** Anita desea su cuenta.

10. _____   **j.** El mesero da la cuenta a Anita.

E Complete the conversation.
En el café

Mesero   Sí, señores, ¿qué _____ ustedes?
₁

Anita   ¿Tiene usted un _____?
₂

Tomás   Yo tengo sed. Deseo _____.
₃

Anita   Y yo tengo hambre. Deseo _____,
₄

   (Tomás toma _____ y Anita toma
₅

   _____.)
₆

   (Después)

Tomás   Mesero, la _____, por favor. Deseo pagar.
₇

Gramática

Presente de los verbos en **-er, -ir**

A Complete.

Verbs that end in **-er** and **-ir** have the same endings in all forms except **nosotros**. The **nosotros** ending for **-er** verbs is _____ and the **nosotros** ending for **-ir** verbs is _____.

B Complete with the correct endings.

1. Yo viv_____ en California y asist_____ a una escuela secundaria. Yo aprend_____ mucho en la escuela.

2. Nosotros no viv_____ en California. Viv_____ en Texas y
   asist_____ a una escuela secundaria en Texas. Aprend_____ mucho.
   Y recib_____ notas buenas.

3. Carlos va al café. En el café él v_____ una mesa libre y v_____ al mesero. Él
   abr_____ el menú y le_____. Él tien_____ hambre y com_____ una hamburguesa con papas fritas.

4. Ellos están en un restaurante mexicano. Le_____ el menú. El menú es en español pero
   ellos comprend_____ el menú porque aprend_____ español en la escuela. Ellos
   tien_____ hambre y com_____ tacos de carne y enchiladas de queso. Tien_____ sed
   también y beb_____ un batido.

C Rewrite with the new subject.

1. Vivo en Nueva York.
   Nosotros _____.

2. Ellos aprenden español. En clase ellos leen y escriben mucho. Y reciben notas buenas.
   Nosotros _____

   _____

   _____

3. Veo una mesa libre.
   Carlos _____

4. Leo el menú.
   Carlos _____

5. Yo abro el menú y leo el menú.
   Carlos y yo _____

6. Comprende lo que aprende.
   Ellos _____

D Answer each question.

1. ¿Qué comes cuando tienes hambre?

_____

2. ¿Qué beben ustedes cuando tienen sed?

_____

3. ¿Qué aprenden los alumnos en la escuela?

_____

4. ¿Dónde viven ustedes?

_____

5. ¿Lees tus correos electrónicos?

_____

6. En el café si los amigos ven una mesa libre, ¿toman la mesa?

_____

7. ¿A qué escuela asisten ustedes?

_____

8. Durante la semana, ¿dónde comen ustedes?

_____

E Make up sentences using elements from each column.

yo	comer	la televisión
nosotros	beber	una composición
tú	vivir	un libro
él	asistir	una merienda
ustedes	leer	a la escuela
Carlos y yo	escribir	un refresco
ellos	ver	aquí

_____

_____

_____

_____

_____

Gramática

Expresiones con el infinitivo

A Indicate if each statement makes sense or not.

	sí	no
1. Tenemos que comer porque acabamos de comer.	☐	☐
2. No vamos a comer porque acabamos de comer.	☐	☐
3. Va a beber algo porque tiene sed.	☐	☐
4. Tiene que estudiar mucho porque desea asistir a la universidad.	☐	☐
5. No va a estudiar porque tiene que recibir notas buenas.	☐	☐
6. Acabo de regresar a casa y voy a leer mis correos electrónicos.	☐	☐

B Complete each sentence.

1. Yo _____ que estudi_____ mucho.

2. Él _____ a com_____ algo.

3. Nosotros _____ de tom_____ un examen.

4. Tú _____ que recib_____ notas buenas.

5. Yo _____ de aprend_____ algo nuevo.

6. Ellos _____ que est_____ aquí.

7. ¿Ustedes _____ a viv_____ en España?

8. Nosotros _____ de recib_____ una sorpresa.

C Write sentences that explain the following.

1. what you have to do to receive good grades _____

_____

2. what Elena is going to do because she needs information _____

_____

3. what many students in Latin America have to wear to school _____

_____

4. what you are not going to do because you just did it _____

_____

5. what your friends don't have to do because they just did it _____

_____

6. what you aren't going to do and don't have to do because you just did it _____

_____

Integración

¡A leer más!

A Read the following selection about a special birthday celebration.

Celebración para una quinceañera

Hoy es un día muy importante para Marta Otero. Ella cumple quince años y su familia va a dar una gran fiesta en honor de la quinceañera. Todos los amigos y amigas de la muchacha asisten a la fiesta.

Durante la fiesta hay una gran comida. Todos los invitados comen y beben mucho. Con frecuencia un(a) pariente de la quinceañera lee un poema en su honor. A veces el/la pariente escribe el poema que lee y a veces lee un poema de un autor famoso. Los hispanos o latinos son muy aficionados a *(fond of)* la poesía.

Durante la fiesta la quinceañera recibe muchos regalos. A veces los regalos son extraordinarios—como un viaje a Estados Unidos. Y si la quinceañera vive en Estados Unidos es a veces un viaje a Latinoamérica o a Europa.

B Choose the correct completion or answer.

1. La quinceañera es _____.
   a. una celebración
   b. una fiesta en honor de los quince años
   c. una muchacha que hoy cumple quince años

2. «Asisten a la fiesta» significa _____.
   a. dan asistencia durante la fiesta
   b. insisten en la fiesta
   c. van a la fiesta

3. ¿Cuál es la respuesta correcta?
   a. Los parientes de la muchacha son su madre y su padre.
   b. Los parientes de la muchacha son todos los miembros de su familia—sus primos, tíos y abuelos.

C Answer based on the reading.

1. ¿Cuál es la frase en la lectura que expresa, «durante la fiesta todos comen muy bien»?
   _____

2. Contrasta una costumbre latina con una costumbre estadounidense.
   _____
   _____

Integración

A Read the following selection to learn something about doing arithmetic in Spanish.

La aritmética

A veces cuando vas a un café o restaurante tienes que resolver unos problemas aritméticos. Tienes que determinar cuánto tienes que pagar cuando recibes la cuenta. Claro que el total ya está en la cuenta pero a veces tienes que verificar si está correcto o no. Si no está incluido el servicio y deseas dar una propina al mesero tienes que decidir cuánto vas a dejar. Para resolver estos problemas tienes que sumar y dividir.

Aquí tienes unos términos aritméticos importantes.

sumar dos y dos
  Dos y dos son cuatro.

restar dos de cinco
  Cinco menos dos son tres.

multiplicar tres por cinco
  Tres por cinco son quince.

dividir veinte entre cinco
  Veinte entre cinco son cuatro.

El 10 por ciento de 150 pesos son 15 pesos porque 150 dividido por 10 son 15.

B Answer based on the reading.

1. How do you say the following in Spanish?
   a. solve some problems _____
   b. arithmetical _____
   c. total _____
   d. to leave a tip _____

2. What letter does the word **problema** end in? _____
   Almost all nouns that end in **-a** are what gender? _____
   However, the article says **resolver** *unos* **problemas aritméticos**. Therefore, what gender is
   problema? _____
   Yes, it's masculine—**el problema. Problema** is an irregular noun because it ends in **-a** but it's masculine.

C Solve the following problems. Write them out in Spanish.

1. 2 + 2 = 4

_____

2. 14 + 6 = 20

_____

3. 30 − 8 = 22

_____

4. 20 − 4 = 16

_____

5. 4 × 4 = 16

_____

6. 8 × 3 = 24

_____

7. 27 ÷ 9 = 3

_____

8. 80 ÷ 4 = 20

_____

Integración

A   Read the following menu.

SÁNDWICHES
RECIÉN HECHOS

SÁNDWICHES ESPECIALES

QUESO CON NUEZ
pan blanco, queso fundido, margarina vegetal y nueces

QUESO CON TOMATE
pan blanco, queso fundido con tomate concentrado y margarina vegetal

QUESO CON ANCHOAS
pan blanco, queso fundido, anchoas, huevo cocido, margarina vegetal y pimento rojo

QUESO BATIDO
pan blanco, queso azul, queso fundido y margarina vegetal

BACON CON HUEVO
pan integral, bacon crujiente, huevo cocido, mayonesa y mostaza

GAMBAS
pan integral, gambas cocidas, queso blanco, mayonesa y limón

2,66€

SÁNDWICHES ESPECIALES

SALMÓN AHUMADO
pan integral, salmón ahumado, huevo cocido, mayonesa, cebollas, pepinillos y alcaparras en vinagre

FOIE-GRAS
pan blanco y foie-gras

ATÚN CON MAÍZ
pan integral, atún en aceite, maíz y salsa rosa

POLLO
pan nutricional, pollo asado, lechuga, apio, aceitunas, zanahoria, lombarda, escarola y salsa ligera

JAMÓN COCIDO
pan blanco, jamón cocido y margarina vegetal

JAMÓN SERRANO
pan blanco, jamón curado y margarina vegetal

2,66€

**30% MENOS EN CALORÍAS
MÁS FIBRA, MÁS VITAMINAS.**

B Look at the menu in Activity A and determine all the words you already know. There are quite a few.

_____

_____

_____

_____

_____

_____

C Guessing the meaning of unknown words is important. Choose what you think the italicized word means.

1. *atún* en aceite

   a. tuna　　　　　**b.** atom

2. *anchoas*

   a. anchors　　　　**b.** anchovies

3. queso *fundido*

   a. founded　　　　**b.** melted

4. bacón *crujiente*

   a. crisp　　　　　**b.** crucial

5. mayonesa y *mostaza*

   a. mustard　　　　**b.** mortar

Integración

A Read the menu.

B Look at the menu again and determine all the words you already know. There are quite a few.

_____
_____

_____
_____

_____
_____

C Which sandwich would you order? Describe it.

_____
_____

_____
_____

_____

ELABORADOS CON PAN DE MIGA:
Harina, Gluten de Trigo y Levadura.

SÁNDWICHES CALIENTES

MIXTO
jamón cocido y queso fundido
1,29 €

SOBRASADA
sobrasada fundida
1,29 €

BACON
bacon crujiente, lechuga y
queso fundido
1,59 €

TERNERA ASADA
ternera asada, lechuga,
pepinillos y mostaza
1,77 €

SALMÓN
salmón ahumado, huevo cocido y
queso blanco
1,92 €

Integración

A Look at the following advertisement for a restaurant in Mexico.

MESON
Garibaldi
RESTAURANT
BAR ®

BANQUETES A DOMICILIO
- Comida Típica Poblana
- Desayunos, Comidas, Cenas
- Platillos de Temporada
- Servicio de Bar
- Música en Vivo, Mariachi y Trío

DESCUENTO
SECCION
CUPONES

Diagonal 10 Pte 2902-B, San Alejandro, Puebla, Pue.

B In the ad, look for the Spanish words that are the equivalents of the following.

1. banquets or large meals _____

2. typical _____

3. seasonal dishes _____

4. coupons _____

5. live music _____

C Answer based on the ad in Activity A.

1. ¿Cuál es el nombre del restaurante? _____

2. ¿Cuál es su dirección? _____

3. ¿Tiene e-mail el restaurante? _____

4. ¿Qué da el restaurante si el cliente tiene el cupón? _____

5. ¿Hay música en el restaurante? _____

6. ¿Quiénes tocan? _____

D What expressions in the ad in Activity A mean the following?

1. de Puebla _____

2. a casa _____

3. un grupo de tres músicos _____

A Add the bill in Spanish.

Nº 002246 **B**

Restaurante Del Valle

MESA Núm. 1

2 de	10	
2	Cartas	—
1	Espinacas	5,50
1	Pastel verduras	5,50
1	Lenguado	18,00
1	Callos	12,00
1	Ribera Duero	9,50
1	Sorbete	5,00
1	Sorbete champán	7,00
I.V.A. incluido	TOTAL....	62,50

_____
_____
_____
_____
_____
_____
_____
_____
_____
_____

Tarea

¡El estómago malo!

Task Scenario: A three-star restaurant in Madrid, **El Aficionado**, has been closed by the city because of the illness of one of its clients, Joaquín Hambriento. The owner of the restaurant, Sr. Juan Bobo, is sure that the cause of the illness was food poisoning. This has been confirmed by the local doctor. However, it is difficult to figure out which food served at the restaurant is the cause of the problem. You are well-known for solving cases like this and have been asked to help.

Los sospechosos:

- Bruno Bruto—vende todo tipo de carne y pollo, pescados ahumados (*smoked*) y jamones
- Francesca Fresca—vende todo tipo de frutas y vegetales frescos y ensaladas
- Antonio Antiguo—vende productos del mar: salmón, camarones, sardinas y atún
- Javier Injusto—vende productos como quesos, cremas y leche

Los clientes:

- Joaquín Hambriento—no come ensaladas; come todos los otros platos y está enfermo
- Lilia Lujosa—come todas las ensaladas y está enferma
- Ana Ansiosa—no está enferma; come el plato ahumado, el plato de barbacoa y el plato de variedades

Los platos ofrecidos a los clientes la noche del episodio:

- ensalada verde griega (queso griego, tomates, jamón y lechuga)
- plato de barbacoa (jamón, carne de búfalo)
- ensalada italiana (pasta, huevo duro, jamón, crema agria y arroz)
- plato ahumado (salmón y jamón)
- ensalada de mariscos (atún y camarones con crema agria)
- plato de variedades (jamón, queso suizo, huevos, sardinas y atún)
- plato prudente (lechuga, asado de pollo, atún y patatas con crema agria)

How Create diagrams to organize your information.

lo que los clientes comen

Joaquín	Lilia	Ana
_____	_____	_____
_____	_____	_____
_____	_____	_____
_____	_____	_____

_____

_____

- List the foods each client ate.

- Compare the foods eaten by the clients.

- Evaluate your information and solve the mystery. Which food made the client ill? Which suspect sold the restaurant this bad food?

- Present a written and oral report in Spanish to the local Chamber of Commerce so the restaurant can be reopened.
  - Check your sentences for the correct verb forms.
  - Check all words for correct spelling.
  - Check all words for the correct endings.

_____

_____

_____

_____

_____

_____

_____

_____

CAPÍTULO

4

¿Qué comemos y dónde?

Vocabulario 1

Actividad A Listen and repeat.

Actividad B Listen and choose.

1. _____
2. _____
3. _____
4. _____

Actividad C Listen and choose.

	sí	no
1.	☐	☐
2.	☐	☐
3.	☐	☐
4.	☐	☐
5.	☐	☐
6.	☐	☐
7.	☐	☐

Actividad D Listen and choose.

1. _____ a. en casa de Abuelita
2. _____ b. en casa de los nietos
3. _____ c. en la clase de álgebra
   d. en casa en la cocina
   e. en la cafetería de la escuela

Vocabulario 2

Actividad E Listen and repeat.

Actividad F Listen and choose.

	mesero	cliente
1.	☐	☐
2.	☐	☐
3.	☐	☐
4.	☐	☐
5.	☐	☐
6.	☐	☐
7.	☐	☐

Actividad G Listen and choose.

	para comer	para beber
1.	☐	☐
2.	☐	☐
3.	☐	☐
4.	☐	☐
5.	☐	☐
6.	☐	☐
7.	☐	☐
8.	☐	☐

Actividad H Listen and choose.

	sí	no
1.	☐	☐
2.	☐	☐
3.	☐	☐
4.	☐	☐
5.	☐	☐

Actividad I Listen and speak.

Gramática

Actividad A Listen and choose.

	one person	more than one person
1.	☐	☐
2.	☐	☐
3.	☐	☐
4.	☐	☐
5.	☐	☐

Actividad B Listen and speak.

Actividad C Listen and choose.

	nosotros	ella	tú	ustedes	yo
1.	☐	☐	☐	☐	☐
2.	☐	☐	☐	☐	☐
3.	☐	☐	☐	☐	☐
4.	☐	☐	☐	☐	☐
5.	☐	☐	☐	☐	☐
6.	☐	☐	☐	☐	☐
7.	☐	☐	☐	☐	☐
8.	☐	☐	☐	☐	☐
9.	☐	☐	☐	☐	☐
10.	☐	☐	☐	☐	☐

Actividad D Listen and choose.

1. a   b   c
2. a   b   c
3. a   b   c
4. a   b   c
5. a   b   c
6. a   b   c

Actividad E Listen and choose.

	sí	no
1.	☐	☐
2.	☐	☐
3.	☐	☐
4.	☐	☐
5.	☐	☐

Actividad F Listen and choose.

1. a   b
2. a   b
3. a   b
4. a   b

Actividad G Listen and answer.

Actividad H Listen and repeat.

Conversación

Actividad A Listen.

Actividad B Listen and repeat.

Actividad C Listen and write.

1. Adela acaba de _____.

2. Ahora va a ver _____.

3. No tiene muchas _____.

4. _____ tiene que navegar el Internet.

5. Tiene que buscar información sobre _____.

6. Es para su clase _____.

7. Diego va a comer _____.

8. _____ siempre tiene buenas ideas.

Lectura cultural

Actividad A Listen.

Actividad B Listen and write.

1. el gallopinto

   _____

2. una tortilla a la española

   _____

3. hora de la cena en España

   _____

Lectura—Un poco más

Actividad A Listen.

Integración

¡A escuchar más!

Actividad A Listen.

Actividad B Listen and write.

    1. ¿Cuál es el nombre del restaurante? _____

    2. ¿Qué tipo de platos tienen? _____

Give the following information.

    1. hours the restaurant serves _____

    2. day of the week the restaurant closes _____

    3. what takes place on weekends _____

Repaso cumulativo

Actividad A Listen and choose.

	sí	no
1.	☐	☐
2.	☐	☐
3.	☐	☐
4.	☐	☐
5.	☐	☐
6.	☐	☐
7.	☐	☐
8.	☐	☐
9.	☐	☐
10.	☐	☐

Deportes

CAPÍTULO 5 Deportes

Vocabulario 1

A Choose the correct word to complete each sentence.

1. Hay once (jugadores, porteros) en el equipo de (fútbol, tenis).

2. El portero (lanza, guarda) la portería.

3. Los jugadores no pueden (ver, tocar) el balón con la mano.

4. Hay dos (tiempos, segundos) en el partido de fútbol.

5. Cuando el portero no puede (lanzar, bloquear) el balón, el balón (guarda, entra) en la portería y el equipo adverso (mete, pierde) un gol.

B Choose the correct word from the **banco de palabras**.

ganar	portería	el equipo
tiempos	el balón	el campo de fútbol

1. el conjunto de jugadores; todos los jugadores _____

2. donde juegan fútbol _____

3. no perder _____

4. hay dos en cada partido _____

5. lo que lanzan los jugadores en un juego de fútbol _____

C Complete with the correct missing letters.

1. _____ apatillas negras

2. cal _____ etines ro _____ os

3. una cami _____ eta a _____ ul

4. un pantalón _____ erde

D Identify.

1. _____

2. _____

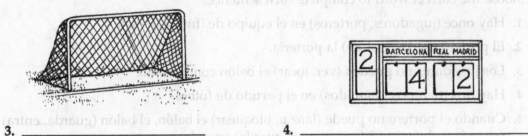

3. _____

4. _____

E Complete with the appropriate word.

1. Cuando juegan fútbol, los jugadores no pueden tocar el balón con

   _____.

2. Para marcar un tanto el balón tiene que entrar en la _____.

3. Cuando empieza el segundo _____, los jugadores
   vuelven al campo.

4. Juegan fútbol en el _____ de fútbol.

5. El jugador _____ un tanto cuando

   _____ un gol.

F Write the word being defined.

1. el que juega _____

2. el que guarda la portería _____

3. el que mira el partido _____

4. el conjunto o grupo de jugadores _____

5. ser victorioso _____

6. no dejar o permitir entrar _____

7. contrario de «ganar» _____

8. meter el balón en la portería _____

G Identify each item of the soccer uniform.

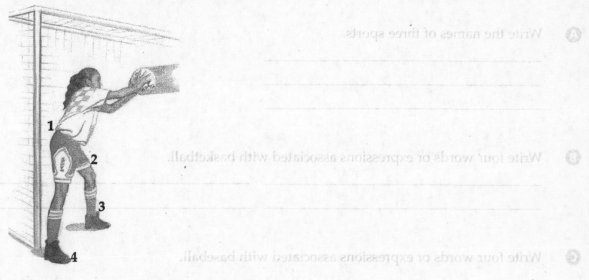

1. _____
2. _____
3. _____
4. _____

H Write an original sentence using each of the following words. Give as much information as possible.

1. el jugador _____

_____

2. el equipo _____

_____

3. el portero _____

_____

4. los aficionados _____

_____

5. lanzar _____

_____

6. tocar _____

_____

7. ganar _____

_____

8. meter un gol _____

_____

Vocabulario 2

A Write the names of three sports.

_____

_____

_____

B Write four words or expressions associated with basketball.

_____   _____

_____   _____

C Write four words or expressions associated with baseball.

_____   _____

_____   _____

D Write three words or expressions associated with tennis.

_____

_____

E Identify the word with the sport or sports.

	el béisbol	el baloncesto	el tenis
1. el receptor	☐	☐	☐
2. la pelota	☐	☐	☐
3. driblar	☐	☐	☐
4. el guante	☐	☐	☐
5. la cancha	☐	☐	☐
6. el cesto	☐	☐	☐
7. la red	☐	☐	☐
8. atrapar	☐	☐	☐

F   Answer each question.

1. En un partido de béisbol, ¿quién lanza la pelota al bateador?

_____

2. ¿Con qué atrapa la pelota el jugador de béisbol?

_____

3. ¿Quién batea?

_____

4. ¿Con qué batea?

_____

5. ¿Cuántas bases hay en el béisbol?

_____

G   Complete with an appropriate word.

1. Juegan béisbol en _____ de béisbol.

2. Los beisbolistas _____ de una base a otra.

3. En un juego de básquetbol el balón tiene que entrar en

_____. Cuando entra, el jugador

_____ y marca un tanto.

4. Los tenistas juegan con _____ y

_____.

5. La pelota tiene que pasar _____ de la red.

6. En un juego de _____ hay dos tenistas y en un juego de

_____ hay cuatro.

H   Give a related word or words.

1. batear _____

2. lanzar _____

3. recibir _____

4. el jardín _____

5. el balón _____

6. encestar _____

7. jugar _____

8. volver _____

① Write a sentence that describes each illustration.

1. _____

_____

2. _____

_____

3. _____

_____

4. _____

_____

5. _____

_____

J Write three original sentences comparing the following sports.

el béisbol y el baloncesto

_____

_____

_____

K Write as complete a description as possible about your favorite sport.

_____

_____

_____

Gramática

Los verbos de cambio radical e → ie

A Complete.

The stem **e** in the verbs **pensar** and **querer** changes to _____ in all forms except one. When the subject is **nosotros** the _____ stays the same. It does not change.

B Choose the correct verb form.

1. Yo (quiero, queremos) jugar.
2. Nosotros (prefiero, preferimos) ganar.
3. Yo (pienso, pensamos) volver.
4. Ellos (empieza, empiezan) a jugar.
5. ¿Tú (pierde, pierdes) o ganas el partido?
6. Tu equipo no (pierdes, pierde) mucho.
7. ¿A qué hora (empezamos, empiezan) ustedes?
8. Ella (quiere, quieren) jugar tenis.

C Answer each question.

1. ¿Quieres jugar tenis?

_____

2. ¿Quieren ustedes jugar ahora?

_____

3. ¿Piensan ustedes volver?

_____

4. ¿Piensan ustedes estar aquí mañana?

_____

5. ¿Pierdes paciencia?

_____

6. ¿Pierden ustedes paciencia con frecuencia?

_____

D   Rewrite in the plural (**nosotros**).

1. Quiero comer.

_____

2. Prefiero ir al café Gijón.

_____

3. Quiero un sándwich (un bocadillo).

_____

4. Empiezo a comer.

_____

E   Rewrite in the singular.

1. Queremos jugar béisbol.

_____

_____

2. Preferimos jugar en el parque.

_____

_____

3. Empezamos a jugar a las dos y media.

_____

_____

4. Mis hermanos quieren jugar fútbol.

_____

_____

5. Ellos prefieren jugar en el campo de la escuela.

_____

_____

6. Empiezan a jugar al mediodía.

_____

_____

F Complete with the correct form of the indicated verb.

1. Ellos _____ a jugar a las seis. (empezar)

2. Su equipo no _____ perder. (querer)

3. Ellos no _____ con frecuencia. (perder)

4. Nosotros _____ ver el partido. (querer)

5. Yo no _____ ver el partido;

   _____ jugar. (querer, querer)

6. Nosotros no. No _____ jugar.

   _____ ver el partido. (querer, querer)

7. Entonces, ustedes _____ ser espectadores y yo

   _____ ser jugador(a). (preferir, preferir)

8. ¿Qué _____ ustedes? ¿Quiénes van a ganar? (pensar)

G Form sentences with the following.

1. yo / querer / comer

   _____

2. ¿pensar / tú / ir / café?

   _____

3. nosotros / querer / comer / también

   _____

4. nosotros / preferir / comer / restaurante

   _____

5. ¿a qué hora / empezar / ellos / servir / restaurante?

   _____

   _____

6. tú / pensar / comer / tarde

   _____

7. nosotros / querer / comer / temprano

   _____

   _____

Gramática

Los verbos de cambio radical o → ue

A Complete with the correct form of the indicated verb.

1. Yo _____ ocho horas cada noche. (dormir)

2. Yo _____ llegar a la escuela a las ocho menos cuarto. (poder)

3. Yo _____ tomar el autobús. (poder)

4. Yo _____ fútbol después de las clases. (jugar)

5. Yo _____ con el equipo de la escuela. (jugar)

6. Yo _____ a casa a las cinco y media o a las seis. (volver)

7. Yo _____ muy bien después de jugar mucho. (dormir)

B Choose the correct answer to each question and circle the corresponding letter.

1. ¿Juegas fútbol?
   a. Sí, juego fútbol.
   b. Sí, jugamos fútbol.

2. ¿Juegan ustedes fútbol?
   a. No, no juego.
   b. Sí, jugamos mucho.

3. ¿Puedes jugar ahora?
   a. Sí, puedo.
   b. Sí, podemos.

4. ¿Pueden ustedes jugar ahora?
   a. Sí, puedo.
   b. Sí, podemos.

5. ¿Cuándo vuelven los otros jugadores?
   a. Vuelve mañana.
   b. Vuelven ahora.

6. ¿Cuándo vuelve el capitán?
   a. Vuelve mañana.
   b. Vuelves ahora.

C Change the sentences to singular or plural.

1. Duermo ocho horas cada noche.

   _____

2. Podemos llegar temprano.

   _____

3. No puedo tomar el bus.

   _____

4. Después de las clases jugamos fútbol.

   _____

5. Pero hoy yo no juego.

   _____

6. Vuelvo a casa.

   _____

D Complete with the correct form of the indicated verb.

1. Él _____ jugar y _____
   jugar. (poder, querer)

2. Yo también _____ jugar pero no
   _____. (querer, poder)

3. ¿Por qué no _____ (tú) si
   _____? (poder, querer)

4. Nosotros _____ con el equipo de nuestra escuela pero
   tú no _____ con tu equipo. ¿Por qué? (jugar, jugar)

5. ¿Por qué no _____ ustedes jugar? ¿Es que no
   _____? (poder, querer)

E Write a question asking a friend something using each of the indicated verbs. Then write a logical answer to your question.

1. **jugar**

   PREGUNTA _____

   RESPUESTA _____

2. **poder**

   PREGUNTA _____

   RESPUESTA _____

3. **dormir**

   PREGUNTA _____

   RESPUESTA _____

F Write the same questions from Activity E asking several friends. Then write a logical answer.

1. PREGUNTA _____

    RESPUESTA _____

2. PREGUNTA _____

    RESPUESTA _____

3. PREGUNTA _____

    RESPUESTA _____

G Make up sentences combining the words in each of the columns.

yo	querer	bien
nosotros	pensar	jugar fútbol
él	preferir	perder
tú	empezar a	al campo
ustedes	poder	batear
	jugar	lanzar el balón
	volver	ir al partido

1. _____

2. _____

3. _____

4. _____

5. _____

6. _____

7. _____

Gramática

Los verbos interesar, aburrir, gustar

A   Complete with the correct ending.

1. Me gust_____ mucho la carne pero no me gust_____ el pescado.

2. Me gust_____ las legumbres pero me gust_____ más las frutas.

3. ¿Te gust_____ las hamburguesas o no?

4. Mucho. Pero no me gust_____ las papas fritas.

5. ¿No te gust_____ las papas fritas? ¿Por qué?

6. ¿Te gust_____ la ensalada?

7. ¿Te interes_____ un postre?

8. Sí, los postres siempre me interes_____.

B   Complete with the correct word.

1. —¿_____ gusta comer?

   —Sí, me gusta mucho.

2. —¿Te gustan las ensaladas?

   —Sí, _____ gustan.

3. —¿Te gusta el agua?

   —Sí, _____ gusta pero me gust_____ más los jugos.

4. —¿_____ interesa el curso de historia?

   —Sí, pero me interesan más los cursos de lenguas.

C   Complete the following conversation.

—Jorge, ¿__1__ gusta la historia?

—Sí, __2__ gusta mucho. Es el curso que más __3__ interesa.

—¿Sí? __4__ sorprende. La historia __5__ aburre un poco.

—Paco, es increíble. La historia antigua __6__ fascina: la historia de Roma, de Grecia, de Egipto.

—Pues, __7__ gustan más las ciencias y las matemáticas.

D Complete with the correct ending and then answer each question.

1. ¿Te interes_____ el arte?

_____

2. ¿Te aburr_____ o te interes_____ los deportes?

_____

3. ¿Te gust_____ ser jugador(a) o te gust_____ más ser espectador(a)?

_____

E Write five things that interest or don't interest you.

1. _____
2. _____
3. _____
4. _____
5. _____

F Write five things that bore or don't bore you.

1. _____
2. _____
3. _____
4. _____
5. _____

G Write five things you like or don't like.

1. _____
2. _____
3. _____
4. _____
5. _____

Integración

¡A leer más!

A Read the following magazine article.

El origen del tenis

La palabra «tenis»—aplicada al popular deporte—viene del árabe «tenetz», una adaptación de la palabra «tenez» que significa «saltar». Y la palabra «raqueta» viene también del árabe, ya que «rahet» significa «en la palma de la mano» y cuando el deporte se inicia, los jugadores le dan a la pelota usando la palma de la mano. No usan una raqueta, como en nuestros días.

B In a word or two, answer the following questions about the article in Activity A.

1. ¿Qué es el tenis?

_____

2. ¿De qué lengua viene la palabra «tenis»?

_____

3. ¿Viene la palabra «raqueta» de la misma lengua?

_____

4. Hoy, ¿usan los tenistas la palma de la mano para darle a la pelota?

_____

5. En vez de usar la palma de la mano, ¿qué usan o utilizan?

_____

Integración

A Read the following ticket to a soccer game.

LIGA NACIONAL DE SEGUNDA DIVISION
TEMPORADA 2009
ESTADIO "LA ROSALEDA"
26/11   /   17:30 Hrs.
JORNADA: 14

MALAGA C.F. - U.D.SALAMANCA

GOL ALTO IMPAR (365)

FILA: 0322   ASIENTO: 0563
PUERTAS: 30
MALAGA C.F.,S.A.D. -   NIF: A-29680790   C1MLG09D

PRECIO:25,00 Euros.
605 I.V.A. incluido

B Answer based on the ticket.

1. ¿Cuál es el nombre del estadio?

_____

2. ¿A qué hora empieza el juego (el partido)?

_____

3. ¿Quiénes juegan? ¿Contra quiénes juegan?

_____

_____

4. ¿Dónde está el estadio?

_____

5. ¿Cuál es el número del asiento que va a tener el espectador?

_____

6. ¿Cuál es el precio del boleto de la entrada?

_____

C   Answer the following.

     1. Note the date **26/11.** Is there a month that relates to **26**? _____

     2. What does **26** refer to? _____

     3. In using numbers for the date in Spain, do they begin with the number of the month or

        the day? _____

D   Write the following in the Spanish way.

     1. el 10 de octubre de 2008 _____

     2. el 2 de diciembre de 1998 _____

     3. el 12 de octubre de 1492 _____

     4. el 30 de diciembre de 2010 _____

Tarea

¡Hablando de los deportes!

Task Pictures or other visuals are a great way to learn about language. With a partner look through the newspaper sports sections or on the Internet for a story about an athletic event.

How Use the diagram below to organize your information before you actually start to write.

- Identify what the story is about and complete the chart below in Spanish with the information that answers each question: **quién, cuándo, dónde, cómo,** etc.

- Collaborate to write a conversation about the event to present to the class.

- In pairs, role play the situation/event as if you were two players discussing the situation and what you feel about what has happened or is going to happen.

pregunta	información
¿quién?	
¿qué?	
¿cuándo?	
¿dónde?	
¿cómo?	
¿por qué?	

Use the information you placed in your diagram to help you write the conversation.

- Check your sentences for the correct verb forms.

- Check all words for correct spelling.

- Check all words for the correct endings.

_____

_____

_____

_____

_____

_____

_____

_____

_____

Nombre

Fecha

CAPÍTULO 5 **Deportes**

Vocabulario 1

Actividad A Listen and repeat.

Actividad B Listen and choose.

	correcto	incorrecto
1.	☐	☐
2.	☐	☐
3.	☐	☐
4.	☐	☐
5.	☐	☐
6.	☐	☐
7.	☐	☐

Actividad C Listen and choose.

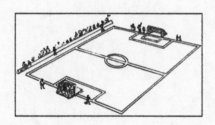

_____

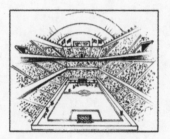

_____

_____

_____

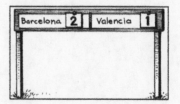

_____

Actividad D Listen and choose.

	sí	no
1.	☐	☐
2.	☐	☐
3.	☐	☐
4.	☐	☐
5.	☐	☐
6.	☐	☐

Actividad E Listen and answer.

Vocabulario 2

Actividad F Listen and repeat.

Actividad G Listen and choose.

1. _____
2. _____
3. _____
4. _____
5. _____
6. _____

Actividad H Listen and choose.

_____

_____

_____

_____

Actividad I Listen and choose.

1. a b c
2. a b c
3. a b c
4. a b c
5. a b c
6. a b c

Actividad J Listen and choose

	el béisbol	el fútbol	el básquetbol	el tenis
1.	☐	☐	☐	☐
2.	☐	☐	☐	☐
3.	☐	☐	☐	☐
4.	☐	☐	☐	☐
5.	☐	☐	☐	☐
6.	☐	☐	☐	☐
7.	☐	☐	☐	☐
8.	☐	☐	☐	☐
9.	☐	☐	☐	☐
10.	☐	☐	☐	☐

Actividad K Listen and answer.

Actividad L Listen and choose.

1. a b c
2. a b c
3. a b c
4. a b c
5. a b c
6. a b c

Actividad M Listen and speak.

Gramática

Actividad A Listen and choose.

	sí	no
1.	☐	☐
2.	☐	☐
3.	☐	☐
4.	☐	☐
5.	☐	☐

Actividad B Listen and answer.

Actividad C Listen and answer.

Actividad D Listen and choose.

1. a b c
2. a b c
3. a b c
4. a b c
5. a b c
6. a b c
7. a b c
8. a b c
9. a b c
10. a b c

Actividad E Listen and answer.

Actividad F Listen and answer.

Actividad G Listen and choose.

	sí	no
1.	☐	☐
2.	☐	☐
3.	☐	☐
4.	☐	☐

Actividad H Listen and repeat.

Conversación

Actividad A Listen.

Actividad B Listen and choose.

	sí	no
1.	☐	☐
2.	☐	☐
3.	☐	☐
4.	☐	☐
5.	☐	☐
6.	☐	☐

Lectura cultural

Actividad A Listen.

Actividad B Listen and write.

1. _____ es el deporte número uno en los países hispanos.

2. Los grupos de amigos juegan en _____
   _____

3. El Real Madrid es _____

4. El béisbol es un deporte muy popular en _____
   _____

Lectura—Un poco más

Actividad A Listen.

Integración

¡A escuchar más!

Actividad A Listen.

Actividad B Listen and choose.

1. Es un partido de _____.
   a. baloncesto
   b. béisbol
   c. fútbol

2. Los dos equipos son Madrid y _____.
   a. Real
   b. Barcelona
   c. Vargas

3. Quedan _____ minutos en el segundo tiempo.
   a. dos
   b. tres
   c. cuatro

4. Vargas lanza el balón con _____.
   a. la cabeza
   b. el pie
   c. la mano

5. Meten un gol en el _____ minuto del partido.
   a. primer
   b. tercer
   c. último

6. El resultado del partido es _____.
   a. una victoria para Madrid
   b. que nadie gana
   c. que Vargas pierde

Actividad C Listen.

Actividad D Listen and answer.

1. Where are the famous archaeological ruins in Honduras?

   _____

2. In what country is Chichen Itzá?

   _____

3. Where were there recent digs in Puerto Rico?

   _____

4. What's the name of an Indian group in Puerto Rico?

   _____

5. What game did they play?

   _____

Actividad E Listen and choose.

1. a   b   c

2. a   b   c

3. a   b   c

Repaso cumulativo

Actividad A Listen and choose.

	sí	no
1.	☐	☐
2.	☐	☐
3.	☐	☐
4.	☐	☐
5.	☐	☐
6.	☐	☐

El bienestar

CAPÍTULO 6

El bienestar

Vocabulario 1

A Answer each question.

1. Anita acaba de recibir una A en todos sus cursos. ¿Cómo está Anita? ¿Está contenta o triste?

_____

2. José está de buen humor. ¿Cómo está? ¿Está contento o enojado?

_____

3. Y ahora José está de mal humor. ¿Cómo está? ¿Está contento o enojado?

_____

4. ¿Cuándo tiene la muchacha una sonrisa en la cara? ¿Cuándo está de buen humor o de mal humor?

_____

5. Julia tiene un buen sentido del humor. ¿Es ella muy seria o bastante graciosa?

_____

6. Cuando Pablo tiene una opinión no cambia de opinión. ¿Cómo es él? ¿Es terco o flexible?

_____

7. El niño tiene mal comportamiento. ¿Te gusta o te enfada su comportamiento?

_____

8. Ella es bien educada. ¿Tiene buenos o malos modales?

_____

B Match the words that mean the same.

1. _____ conducta
2. _____ tener éxito
3. _____ enojado
4. _____ contento
5. _____ terco
6. _____ deprimido

a. obstinado
b. enfadado
c. muy triste
d. comportamiento
e. tener buenos resultados
f. alegre

C Complete with an appropriate word.

1. José tiene un problema. Está _____ y está de _____ humor.

2. Felipe está muy _____ porque acaba de recibir una nota buena en español.

3. Su amiga al contrario está _____ porque acaba de recibir una nota mala.

4. Ella tiene una _____ en la cara. Está de buen humor.

5. Él siempre está lleno de energía. Es un tipo muy _____.

6. A Elena le falta paciencia. Es muy _____.

7. Tomás no tiene energía. Está _____. Necesita una siesta.

D Rewrite changing the italicized word or phrase to a word or phrase with the same meaning.

1. Su *conducta* me molesta. No me gusta.

_____

2. ¡Qué bárbaro! Ella siempre tiene *buenos resultados*.

_____

3. Ellos están *contentos*.

_____

4. Los otros están *muy tristes*.

_____

5. Carlos está *enojado*.

_____

6. Me *enfada*.

_____

7. Él es *muy obstinado*.

_____

E Answer each question.

1. Elena está muy contenta. ¿Por qué?

_____

2. El pobre José. Está bastante triste. ¿Por qué?

_____

3. ¿Está de mal humor tu amigo? ¿Por qué?

_____

4. Después de ocho horas de trabajo, ¿cómo está ella?

_____

5. ¿Qué quiere tener una persona ambiciosa que trabaja o estudia mucho?

_____

6. Él molesta o enfada a mucha gente. ¿Por qué? ¿Qué tipo de comportamiento tiene?

_____

7. Ella es muy bien educada. ¿Qué tiene?

_____

F Write a word that means the same.

1. lleno de energía _____

2. calmo _____

3. contento _____

4. muy triste _____

5. enojado _____

6. terco _____

7. conducta _____

G Use each word you wrote in Activity F in an original sentence.

1. _____

2. _____

3. _____

4. _____

5. _____

6. _____

7. _____

Vocabulario 2

A Indicate whether the information makes sense or not.

	sí	**no**
1. Enrique tiene que guardar cama porque necesita un examen físico.	☐	☐
2. Él está nervioso porque tiene mucho estrés.	☐	☐
3. El médico le da un examen físico.	☐	☐
4. Un enfermero trabaja con el médico.	☐	☐
5. Pablo abre la boca porque tiene dolor de cabeza.	☐	☐
6. María abre la boca y el médico le examina la garganta.	☐	☐
7. El médico le da una receta porque tiene tos y tiene fiebre también.	☐	☐
8. Quiere comer porque tiene dolor de estómago.	☐	☐

B Indicate whether the person is well or sick.

	bien	**enferma**
1. Todo está normal.	☐	☐
2. Abre la boca y come.	☐	☐
3. Tiene fiebre.	☐	☐
4. Le duele la cabeza.	☐	☐
5. Tiene tos.	☐	☐
6. Está lleno de energía.	☐	☐

C Complete with an appropriate word.

1. El joven está en la _____ del médico porque

   necesita un examen _____.

2. Ella tose mucho. Tiene _____.

3. Tiene la temperatura elevada. Tiene _____.

4. El muchacho _____ la boca y el médico le examina la

   _____.

5. Él no está bien. Está _____.

6. Él tiene la tensión arterial alta. No está _____.

7. El pobre Carlos está muy enfermo y tiene que _____ cama.

8. Carolina va a la farmacia con la _____ que le da el médico.

D Write two sentences about each place.

la consulta del médico

1. _____

2. _____

la farmacia

3. _____

4. _____

E Rewrite changing the italicized word or phrase to a word or phrase with the same meaning.

1. Ella tiene *la temperatura elevada*.

_____

2. Él *no está bien*.

_____

3. El médico le *examina*.

_____

4. Tiene que *pasar días en* cama.

_____

5. *Le duele la* cabeza.

_____

6. *Le duele el* estómago.

_____

7. El médico *le da una receta para* una medicina.

_____

8. Venden *medicamentos* en la farmacia.

_____

F   Answer each question.

1. Enrique quiere jugar con el equipo de fútbol de su escuela. ¿Qué necesita?

_____

_____

2. ¿Por qué va una persona a la consulta de un médico?

_____

_____

3. ¿Por qué abre el paciente la boca?

_____

_____

4. José tiene mucho calor. ¿Por qué?

_____

_____

5. ¿Por qué tiene dolor de cabeza Teresa?

_____

_____

6. ¿Por qué le da el médico una receta a Julia?

_____

_____

7. ¿Por qué va Julia a la farmacia?

_____

_____

8. ¿Qué le venden a Julia en la farmacia?

_____

_____

Gramática

Ser y estar

A Choose the correct verb.

1. Ella (es, está) ambiciosa.

2. Ella (es, está) de buen humor.

3. Ella (es, está) contenta.

4. Él (es, está) muy nervioso y tiene dolor de cabeza.

5. Él no (es, está) bien. (Es, Está) enfermo.

6. José, ¿por qué (eres, estás) triste? ¿Qué te pasa?

7. Ella trabaja mucho y (es, está) cansada.

B Answer each question.

1. ¿Es de México el muchacho? Y, ¿de dónde es su amigo?

_____

_____

2. ¿Ahora, está en la Florida el muchacho? Y, ¿dónde está su amigo?

_____

_____

3. ¿De dónde es el muchacho y dónde está ahora? ¿De dónde es su amigo y dónde está ahora?

_____

_____

4. ¿De dónde eres? ¿Dónde estás ahora?

_____

5. ¿En qué calle está tu casa?

_____

6. ¿Está cerca o lejos de tu casa la escuela?

_____

7. ¿En qué ciudad o pueblo está tu escuela?

_____

C Write sentences using words from each column.

Felipe Gloria	es está	nervioso muy inteligente simpático enfermo serio contento triste

1. _____

2. _____

3. _____

4. _____

5. _____

6. _____

7. _____

D Look at the maps. The first map tells where the person is from. The second map tells where the person is right now. Write a sentence telling where the person is from and where he/she is now. Use **ser** and **estar**.

1. Yo _____

2. Alberto y Lola _____

_____

_____

3. Isabel _____

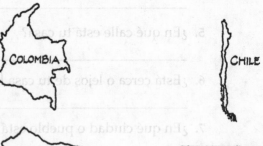

4. Nosotros _____

_____

_____

Nombre _____ Fecha _____

E Complete with the correct form of **ser** or **estar**.

Rubén y Marisol _____ enfermos. Rubén no tiene energía.
                        1

_____ muy cansado. _____ triste. Y Marisol tiene tos.
      2   3

Su garganta _____ muy roja. La mamá de Rubén y Marisol
                  4

_____ muy nerviosa. Pero su médico _____ muy
      5   6

bueno. El doctor Rodríguez examina a Rubén y a Marisol. El médico habla:

—Ustedes no _____ muy enfermos. Tienen la gripe. Tienen que
                    7

guardar cama y beber agua. El agua _____ buena para la salud.
                                          8

Ahora todos _____ muy contentos y los padres no
                  9

_____ nerviosos. No _____ nerviosos porque Rubén
      10   11

no _____ muy enfermo y Marisol no _____ muy
        12   13

enferma. Dentro de poco, sus hijos van a _____ muy bien.
                                                14

F Complete with the correct form of **ser** or **estar**.

Ángel _____ un amigo muy bueno. _____ muy
            1   2

atlético y _____ muy inteligente. Además _____
                  3   4

sincero y simpático. Casi siempre _____ de buen humor. Pero hoy no. Al
                                          5

contrario, _____ de mal humor. _____ muy cansado y
                  6   7

tiene dolor de cabeza. _____ enfermo. Tiene la gripe.
                              8

_____ en casa. _____ en cama.
      9   10

La casa de Ángel _____ en la calle 60. La calle 60
                        11

_____ en West New York. West New York no _____ en
      12   13

Nueva York. _____ en Nueva Jersey. Pero la familia de Ángel no
                  14

_____ de West New York. Sus padres _____ de Cuba y
      15   16

sus abuelos _____ de España. Ellos _____ de Galicia,
                  17   18

una región en el noroeste de España. Galicia _____ en la costa del
                                                    19

Atlántico y del mar Cantábrico. Ángel tiene una familia internacional.

Pero ahora todos _____ en West New York y _____
                        20   21

contentos. Muchas familias en West New York _____ de ascendencia
                                                    22

cubana. El apartamento de la familia de Ángel _____ muy bonito.
                                                      23

_____ en el tercer piso y tiene una vista magnífica de la ciudad de
      24

Nueva York.

G Complete with the correct form of **ser** or **estar**.

1. Él _____ muy obstinado. Es una persona difícil.

2. No le puedo hablar hoy. _____ muy obstinado y agresivo también.

3. En general ella _____ bastante seria pero hoy _____ muy graciosa.

4. José, ¿en qué piensas? _____ muy serio hoy.

Gramática

Los pronombres **me, te, nos, le, les**

A Complete with **me** or **te**.

—Sergio, ¿dónde ___₁___ duele?

—¿Dónde ___₂___ duele? Ay, doctor. ___₃___ duele todo. ___₄___ duele la cabeza. ___₅___ duele la garganta.

—Muy bien, Sergio. No es serio. ___₆___ voy a examinar. ¿___₇___ permites?

B Choose the correct pronoun.

1. A mí (me, le) gusta mucho pero a Juan no (te, le) gusta.

2. El médico (me, le) habla y yo (me, le) hablo al médico.

3. El médico (me, le) examina la garganta pero yo no (me, le) examina la garganta.

4. Yo (nos, les) hablo a mis amigos.

C Complete with the correct pronoun.

1. Mi madre _____ habla. Ella _____ habla a mis hermanos también. Ella _____ da (a todos nosotros) buenos consejos (*advice*).

2. El médico _____ habla a su paciente. _____ examina el estómago. _____ da su diagnóstico. Su condición no es grave pero _____ da una receta para una medicina para aliviar el dolor. El paciente va a la farmacia y _____ da la receta al farmacéutico. El farmacéutico _____ vende los medicamentos que su médico _____ receta.

D Rewrite Number 2 in Activity C and change *a su paciente* to *a sus pacientes* in the first line. Make all other necessary changes.

_____

_____

_____

_____

_____

Integración

¡A leer más!

A Read the following selection about nutrition and good health.

Comer bien

Es muy importante comer bien para mantener la salud. Cada día debemos comer una variedad de vegetales, frutas, granos y cereales y carnes o pescado.

Calorías   El número de calorías que necesita o requiere una persona depende de su metabolismo, de su tamaño[1] y de su nivel[2] de actividad física. Los adolescentes necesitan más calorías que los ancianos o viejos. Requieren más calorías porque son muy activos y están creciendo[3]. Una persona anciana de tamaño pequeño con un nivel bajo de actividad física requiere menos calorías.

Proteínas   Las proteínas son especialmente importantes durante los períodos de crecimiento. Los adolescentes, por ejemplo, deben comer comestibles o alimentos ricos[4] en proteínas porque están creciendo.

Carbohidratos   Los carbohidratos son alimentos como los espaguetis, las papas y el arroz. Los carbohidratos proveen mucha energía.

Grasas   Las grasas o lípidos son otra fuente[5] importante de energía. Algunas carnes contienen mucha grasa. Pero es necesario controlar el consumo de lípidos o grasa porque en muchos individuos elevan el nivel de colesterol.

Vitaminas   Las vitaminas son indispensables para el funcionamiento del organismo o cuerpo. ¿Cuáles son algunas fuentes de las vitaminas que necesita el cuerpo humano?

vitamina	fuente
A	vegetales, leche, algunas frutas
B	carne, huevos, leche, cereales, vegetales verdes
C	frutas cítricas, tomates, lechuga
D	leche, huevos, pescado
E	aceites[6], vegetales, huevos, cereales

---

[1]tamaño   *size*
[2]nivel   *level*
[3]creciendo   *growing*
[4]ricos   *rich*
[5]fuente   *source*
[6]aceites   *oils*

B Answer each question.

1. ¿Qué debemos comer cada día?

_____

2. ¿De qué depende el número de calorías que requiere una persona?

_____

3. ¿Quiénes requieren más calorías? ¿Por qué?

_____

4. ¿Por qué necesitan los adolescentes alimentos ricos en proteínas?

_____

5. ¿Qué proveen los carbohidratos?

_____

6. ¿Por qué es necesario controlar el consumo de grasas o lípidos?

_____

C Make a list of all the cognates you found in the reading.

_____

_____

_____

_____

_____

_____

D Find the Spanish equivalents for the following words.

1. health _____

2. size _____

3. growth _____

4. provide _____

5. fat (*looks like the word "grease"*) _____

6. consumption _____

7. human body _____

Integración

A Read the following article about stress.

Principales manifestaciones del estrés laboral

Leve	Irritabilidad y ansiedad Insomnio En algunas ocasiones problemas de concentración
Moderado	Aumento en las horas de ausentismo al trabajo Fatiga sin ninguna razón Indecisión e indiferencia Aumento en el consumo de café
Severo	Depresión Problemas de salud (dolor de cabeza, dolor de estómago y digestivos, cardiovasculares) Aislamiento social y presencia de pensamientos autodestructivos

B Find the Spanish word or expression that conveys the following information.

1. not able to make up one's mind _____

2. to not care _____

3. cranky or annoyed _____

4. not want to be with anyone _____

5. tiredness for no good reason _____

6. unable to sleep _____

7. increase in absenteeism _____

Tarea

La novela picaresca

Task You have read two examples of **literatura picaresca**—*El Periquillo Sarniento* and *Lazarillo de Tormes.* In both stories the main characters were very different in some ways and very alike in others. You are going to write an essay in which you discuss their similarities and differences.

How Using the diagram below, organize the details about each character as you read. Once you have completed your diagram, write your essay comparing Periquillo and Lazarillo.

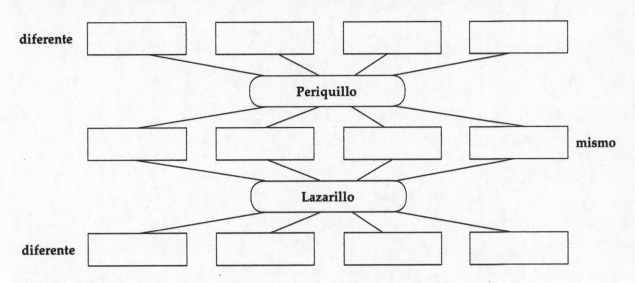

Use the information you placed in your diagram to help you write the comparison.
- Check your sentences for the correct verb forms.
- Check all words for correct spelling.
- Check all words for the correct endings.

_____
_____
_____
_____
_____
_____
_____
_____
_____
_____
_____

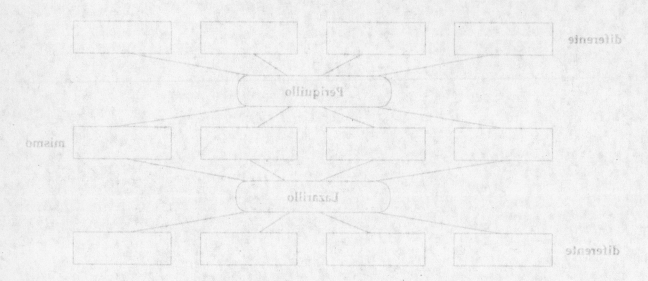

diferente

Periquillo

mismo

Lazarillo

diferente

_____

_____

_____

_____

_____

_____

_____

_____

CAPÍTULO 6

El bienestar

Vocabulario 1

Actividad A Listen and repeat.

Actividad B Listen and choose.

	sí	no
1.	☐	☐
2.	☐	☐
3.	☐	☐
4.	☐	☐
5.	☐	☐
6.	☐	☐
7.	☐	☐

Actividad C Listen and choose.

1. a b c
2. a b c
3. a b c
4. a b c
5. a b c

Actividad D Listen and answer.

Vocabulario 2

Actividad E Listen and repeat.

Actividad F Listen and choose.

	correcta	incorrecta
1.	☐	☐
2.	☐	☐
3.	☐	☐
4.	☐	☐
5.	☐	☐

Actividad G Listen and choose.

1. a b
2. a b
3. a b
4. a b
5. a b
6. a b
7. a b

Actividad H Listen and answer.

Gramática

Actividad A Listen and choose.

	característica	condición
1.	☐	☐
2.	☐	☐
3.	☐	☐
4.	☐	☐
5.	☐	☐
6.	☐	☐
7.	☐	☐
8.	☐	☐
9.	☐	☐
10.	☐	☐

Actividad B Listen and answer.

Actividad C Listen and answer.

Actividad D Listen and answer.

1. alto y rubio
2. simpáticos
3. no, antipática
4. sí
5. grande y moderna
6. González
7. inteligente y simpático(a)
8. interesante
9. difícil

Actividad E Listen and answer.

1. enfermo
2. bien
3. aburridos
4. cansados
5. triste
6. no, tranquilos
7. contenta

Actividad F Listen and answer.

Actividad G Listen.

Actividad H Listen and choose.

	sí	no
1.	☐	☐
2.	☐	☐
3.	☐	☐
4.	☐	☐
5.	☐	☐
6.	☐	☐

Actividad I Listen and answer.

Actividad J Listen and choose.

	location	origin
1.	☐	☐
2.	☐	☐
3.	☐	☐
4.	☐	☐
5.	☐	☐
6.	☐	☐
7.	☐	☐
8.	☐	☐
9.	☐	☐
10.	☐	☐

Actividad K Listen.

Actividad L Listen and choose.

	characteristic	condition	origin	location
1.	☐	☐	☐	☐
2.	☐	☐	☐	☐
3.	☐	☐	☐	☐
4.	☐	☐	☐	☐
5.	☐	☐	☐	☐
6.	☐	☐	☐	☐
7.	☐	☐	☐	☐
8.	☐	☐	☐	☐
9.	☐	☐	☐	☐

Actividad M Listen and speak.

Actividad N Listen and answer.

1. el médico
2. la cabeza
3. la médica
4. una medicina
5. no
6. el médico
7. el farmacéutico

Actividad O Listen and repeat.

Conversación

Actividad A Listen.

Actividad B Listen and repeat.

Actividad C Listen and choose.

	sí	no
1.	☐	☐
2.	☐	☐
3.	☐	☐
4.	☐	☐
5.	☐	☐
6.	☐	☐

Lectura cultural

Actividad A Listen.

Actividad B Listen and write.

1. Periquillo no es _____.
2. Él puede asistir _____.
3. No le gusta _____.
4. Trabaja en casa de _____.
5. Decide que el médico no es _____.
6. Periquillo va en la mula del médico a _____.
7. En el pueblo todos creen que Periquillo es _____.

Lectura—Un poco más

Actividad A Listen.

Integración

¡A escuchar más!

Actividad A Listen.

Actividad B Listen and write.

1. The ad is for people with _____
2. The name of the product being advertised is _____
3. It can be obtained in a _____
4. It comes in the form of _____
5. It is available in _____ sizes.
6. It is really good for _____

Repaso cumulativo

Actividad A Listen and choose.

	sí	no
1.	☐	☐
2.	☐	☐
3.	☐	☐
4.	☐	☐
5.	☐	☐
6.	☐	☐